MAISON

CHAPT DE RASTIGNAC.

NOTICE

HISTORIQUE ET GÉNÉALOGIQUE

SUR LA MAISON

CHAPT DE RASTIGNAC

PUBLIÉE PAR LA FAMILLE

PARIS

IMPRIMERIE DE A. WITTERSHEIM

RUE MONTMORENCY, 8

—

1858

Cette Notice, faite par ordre de feu M. le marquis de Rastignac, est aujourd'hui publiée par les soins de Mme la marquise de Rastignac, sa veuve, et de Mme la duchesse de la Rochefoucauld, sa nièce, qui représentent seules la descendance légitime de cette illustre maison.

AVANT-PROPOS.

Le troisième registre de l'*Armorial général* contient l'*Histoire généalogique de la maison de Chapt de Rastignac*, par d'Hozier-de-Sérigny, juge d'armes de France. Pour ce qui regarde la descendance directe et légitime de cette maison, issue des anciens sires princes de Chabanais, vivant au neuvième siècle, le travail de d'Hozier est en état de satisfaire les esprits les plus exigeants ; il est donc inutile de le refaire, et nous sommes loin de croire qu'on doive et qu'on puisse jamais lui substituer la présente notice, qui n'a d'autre but que de compléter le travail de d'Hozier interrompu à l'année 1748, et de mettre le nom de Chapt de Rastignac à l'abri de toute usurpation.

La maison de Chapt de Rastignac a formé cinq branches, dont nous parlerons dans leur ordre naturel.

PREMIÈRE BRANCHE

DITE

DES SEIGNEURS DE LAGE-AU-CHAT

OU

LA JONCHAPT.

Lage-au-Chat ou la Jonchapt est le nom
d'une terre située à deux kilomètres environ
de la ville de Saint-Yrieix, département de
la Haute-Vienne. On y voyait au dernier
siècle un château dont la situation et la
construction donnaient parfaitement l'idée

d'un édifice également fort et antique ; il appartenait à messire Jean de Gentil, écuyer, ancien capitaine dans le régiment de Clermont–Prince, cavalerie. Mais, de toute antiquité, la terre de Lage-au-Chat ou la Jonchapt avait été possédée par les auteurs de la maison de Chapt de Rastignac ; elle a donné son nom à la première branche de cette maison, fondée avant 1093, par Abon Cat, rameau détaché des anciens sires de Chabanais, auxquels, entre autres fondations, l'on doit celle du monastère de l'Esterp au diocèse de Limoges. Leurs armes figurent à Versailles avec celles des anciennes familles qui prirent part aux croisades.

Cette branche a produit Aymeri Chat, dont nous allons en quelques lignes raconter l'histoire.

Aymeri Chat, né à Lage-au-Chat ou la Jonchapt, débuta dans les dignités et fonctions ecclésiastiques par le titre de trésorier de l'église romaine. En 1359, on le trouve évêque nommé de Voltero, en Toscane, et en 1361, évêque titulaire et sacré de Bologne. Nommé à ce siége le 24 octobre 1361, par le pape Innocent VI, à qui l'attachaient, sinon des liens d'une parenté incontestable, au moins des relations engendrées par la communauté de patrie, puisque Innocent VI était limousin, il en prit possession le 1er novembre 1361. Quatre ans plus tard, il obtint de l'empereur Charles IV la confirmation des priviléges de son église, et reçut dans le diplôme impérial le titre de prince de l'empire.

Bologne gardait au siècle dernier, et garde peut-être encore aujourd'hui, des souvenirs

d'Aymeri Chat. Ce fut lui, en effet, qui établit
à Bologne les camaldules et les célestins, et
qui bâtit en 1367 une partie considérable de
la Chartreuse de la même ville, comme le
prouve une inscription latine rapportée par
d'Hozier, et qui a été lue en 1747 par Ughel,
sur un mur de ladite Chartreuse. Bologne
doit encore à Aymeri Chat la réputation écla-
tante et méritée dont jouit son université au
moyen âge. Aymeri, qui en était le chancelier,
mit tous ses soins à la remplir des docteurs
les plus célèbres du temps, et s'employa surtout avec succès à faire fleurir la faculté de
théologie.

En 1372, Aymeri passa de l'évêché de Bologne à celui de Limoges ; le souverain pontife
le ramenait ainsi à son berceau. A peine avait-
il pris possession de son nouveau siége, que

Louis, duc d'Anjou, l'établit gouverneur et réformateur souverain et général *pour et au nom du roi ez cités, villes, éveschés de Limoges et de Tulle*, lui donnant plein pouvoir, autorité et mandement spécial de se transporter par devers tous les nobles, barons, capitaines..... châteaux et forteresses, qu'il saura ne pas être venus à l'obéissance du roi, de les sommer d'obéir, et de contraindre les rebelles par tous les moyens, même par celui des armes, s'il le juge à propos. Les lettres que lui adressa le duc d'Anjou, datées de Villeneuve-lez-Avignon, le 6 janvier 1371 (1372), furent confirmées par lettres du roi de France Charles V, données à Paris, le 8 avril 1372.

Tout porte à croire qu'Aymeri se montra digne de la confiance du duc d'Anjou et du roi de France, et qu'il contribua, dans la me-

sure de ses forces, à l'œuvre éminemment
nationale entreprise par Charles le Sage, qui
consistait à chasser les Anglais de notre beau
pays. Aymeri vécut assez longtemps pour
assister à l'abaissement momentané de la
fortune de l'Angleterre, et eut le bonheur de
ne pas être témoin des cruelles vicissitudes
auxquelles la France fut en proie sous le
règne de l'infortuné Charles VI; il mourut
le 10 novembre 1390, et fut enterré dans
l'église cathédrale de Limoges.

Peut-être aurions-nous quelque droit à
compter parmi les membres de la maison de
Chapt de Rastignac, appartenant à la première
branche, le cardinal Élie de Saint-Yrieix, qui,
après avoir été successivement abbé de Saint-
Florent de Saumur, évêque d'Uzès, et ensuite d'Ostie, mourut à Avignon le 10 mai

1367. D'Hozier, se basant en particulier sur l'identité des armes de ce cardinal avec celles de la maison de Chapt de Rastignac, et sur ce que Duchesne, dans son *Histoire des Cardinaux français*, dit, en termes exprès, que cet Élie prit son nom de *Saint-Yrieix*, du lieu de sa naissance, dans le diocèse de Limoges, d'où sort la maison de Chapt; d'Hozier, disons-nous, a discuté la question, et l'a résolue, sur des raisons plausibles, en faveur de la maison de Chapt de Rastignac. Toutefois, quelque éclat que ce cardinal puisse jeter sur la famille, nous ne pouvons pas le ranger parmi ses membres, à moins d'avoir un titre authentique et certain, qui donne rigoureusement gain de cause à l'hypothèse de d'Hozier.

La première branche de la maison de Chapt de Rastignac s'éteignit dans les cinq enfants de Jean Chat, seigneur de la Lage-au-Chat, etc., et de noble demoiselle de la Grelière. De ces cinq enfants, une fille, Jeanne Chapt, vivait encore en 1526. Veuve de Pierre de Beaulieu, seigneur de Laval, en Périgord, elle fit, le 28 avril 1526, donation des droits qu'elle avait dans la succession de son père, et sur la terre de Mansac, à Jean Chapt, troisième du nom, écuyer, seigneur de Rastignac, *son parent et descendu d'une même maison.*

DEUXIEME BRANCHE

DITE

DES SEIGNEURS DE RASTIGNAC.

Les membres de la maison de Chapt prirent le nom de Rastignac au xve siècle, à la suite du mariage de Jean Chapt, premier du nom, avec l'héritière de Jalès et de Rastignac, terres situées dans l'étendue de la paroisse de Cern, en Périgord. Jean, fils de Guichard Chapt, deuxième du nom, chevalier, seigneur de Lage-au-Chat, fut institué par son père héritier des biens qu'il possédait en Périgord; il portait le nom de seigneur de la Germanie.

Un petit-fils de Jean, nommé Aymar, fut *élu* évêque de Bazas, si l'on en croit une généalogie dressée en 1535, et que d'Hozier a vue en original. A la vérité, les auteurs du *Gallia Christiana* ne donnent point de place à cet Aymar parmi les évêques de Bazas; mais ils font l'observation que ce siége vaqua pendant les années 1504, 1505, 1507 et 1508. Or, rien n'empêche que pendant cet intervalle Aymar ait été élu, bien que son élection n'ait pas laissé de traces. Peut-être le titre qui le constate n'est-il qu'égaré. En tout cas, ce que nous disons ici peut mettre sur la voie d'une rectification dans la liste des évêques de Bazas. Nous ferons aussi remarquer que, d'après la gé- néalogie dont il est question, ce même Aymar aurait été abbé de Saint-Sauveur, monas- tère de l'ordre de saint Benoit, situé dans la ville de Blaye. Dans la liste qu'ils ont donnée des abbés de Saint-Sauveur de Blaye, les auteurs du *Gallia Christiana* ne men- tionnent pas Aymar, mais ils ne donnent pas non plus de dates fixes et certaines au commencement et à la fin des fonctions abbatiales exercées par les abbés de Saint- Sauveur, à la fin du XVe siècle et au com- mencement du XVIe, ce qui prouve qu'ils n'ont pas eu pour cette époque des docu- ments précis et authentiques. Aymar fut abbé de l'abbaye de Saint-Romain, ordre de

saint Benoît, située dans la ville de Blaye;
il est le onzième dans la liste dressée par
les auteurs du *Gallia Christiana.* Il mourut
probablement en 1511.

Jean Chapt, frère aîné d'Aymar, figure
parmi ceux qui comparurent en habillement
de *brigandine* (haubergeon servant de cui-
rasse) à la montre, faite à Liffré en Bretagne,
le 18 octobre 1491, des nobles du ban et
arrière-ban de la sénéchaussée de Périgord,
venus par ordre du roi en Bretagne, pour
renforcer son armée sous la conduite de
messire Jean de Talleyrand, chevalier, leur
capitaine. Il s'agissait de s'opposer aux Anglais qui avaient des troupes sur pied dans
cette province, au service d'Anne, duchesse
de Bretagne, et de rompre le mariage que
cette princesse avait contracté l'année pré-

cédente (1490) avec Maximilien d'Autriche,
alors roi des Romains, et depuis empereur.
Charles VIII y réussit, fit la paix avec la duchesse, et l'épousa lui-même solennellement
le 6 décembre 1491. Par cet acte de haute
politique, Charles s'assura l'héritage de la
Bretagne, et dota la France d'une de ses
plus belles provinces.

Le fils de Jean Chapt de Rastignac, portant
le même nom que son père, nous paraît avoir
droit à quelque reconnaissance de la part des
habitants du bourg de la Bachellerie, canton
de Terrasson, arrondissement de Sarlat (Dordogne). Ce fut lui, en effet, qui fit établir
dans ce bourg une foire annuelle et un marché hebdomadaire. Les lettres de création
furent données par le roi Francois Ier, à la
Fère-sur-Oise, au mois d'octobre 1538, à la

2*

supplication de son *cher et bien amé Jehan Chat, escuyer, seigneur du Poget et de Rastignac.*

Claude Chapt de Rastignac, fils aîné de Jean, épousa, le 13 octobre 1535, demoiselle Agnès de Montberon, qui comptait parmi ses ancêtres Jacques de Montberon, maréchal de France, mort en 1422, et dont le père, Adrien de Montberon, était conseiller, chambellan du roi et capitaine de la ville et du château de Blaye. De ce mariage vinrent plusieurs enfants, dont quelques-uns se distinguèrent dans la carrière des armes.

L'aîné, nommé Adrien, se trouve employé dans un rôle de la montre et revue faite en armes, à Paris, le 17 novembre 1567, de vingt-deux hommes d'armes et de dix-neuf archers, du nombre de cinquante lances des

ordonnances du roi, sous la conduite du
sire d'Hautefort : Adrien y figure comme
guidon; on le trouve encore avec la même
qualité à une montre du 28 mai 1570. Il
épousa, le 7 janvier 1565, demoiselle Jeanne
d'Hautefort, fille de messire Jean d'Hautefort, gentilhomme de la chambre du roi de
Navarre, gouverneur de ses comté de Périgord et vicomté de Limoges, et de demoiselle
Catherine de Chabannes. Adrien continua la
branche dite des seigneurs de Rastignac.

Louis, troisième fils de Claude Chapt de
Rastignac et d'Agnès de Montberon, se trouve
également employé comme homme d'armes
des ordonnances du roi, à la montre du
17 novembre 1567. Il périt en faisant brave-
ment son devoir au siége de Mussidan, alors
ville forte, aujourd'hui chef-lieu de canton

du département de la Dordogne, à vingt-huit kilomètres de Riberac.

Antoine Chapt de Rastignac, frère des précédents, servit en même temps qu'eux sous le sieur d'Hautefort. Il est probable qu'il assista au siége de Mussidan ; ses soins et sa valeur sauvèrent du pillage des huguenots la terre de Laxion dont il était propriétaire. Les habitants du pays, par reconnaissance, affranchirent de taille le domaine de cette terre. Environ deux siècles plus tard, les descendants d'Antoine recueillirent encore le fruit de son courage. Des gens malintentionnés voulant alors faire comprendre au rôle de la taille du bourg la métairie de Laxion, les habitants du lieu se rassemblèrent et prirent une délibération, en conséquence de laquelle, reconnaissant que leurs pères avaient de tout temps accordé cette immunité à la métairie de Laxion, pour des services essentiels rendus par les seigneurs de Laxion, reconnaissant aussi que la famille de Rastignac n'avait jamais reculé devant aucun sacrifice pour leur être utiles, ils continuèrent la même immunité. Antoine mourut d'une blessure qu'il avait reçue en portant les armes pour le roi contre les réformés. Il épousa en premières noces, le 4 novembre 1570, demoiselle Isabeau d'Andaux, veuve de Thomas d'Hautefort, dont il n'eut pas d'enfants; en secondes noces, le 18 septembre 1574, demoiselle Marguerite de Calvimont, qui lui donna deux enfants. Antoine Chapt de Rastignac fut enterré près de sa seconde femme, morte avant le 10 juin 1578, dans l'église de Corniac. On lisait sur leur tombe l'épitaphe qui suit :

La foy, l'honneur et la valeur,

Et l'amour sont sous ces lames ;

Le sort s'en est rendu vainqueur,

Et au ciel a donné leurs âmes.

Raymond Chapt de Rastignac, frère des précédents, a laissé une réputation glorieuse qui ne fut pas usurpée. Son histoire est liée particulièrement à celle de l'Auvergne au XVIe siècle; essayons de la raconter.

Nous le trouvons employé en qualité d'homme d'armes des ordonnances du roi, dans une montre faite à Paris, le 17 novembre 1567, et avec la même qualité dans une autre montre du 28 mai 1569. Le 11 novembre 1571, il obtint une commission pour lever une compagnie de gens de pied de 200 hommes, qu'il devait commander

sous les ordres du duc d'Anjou, probablement. dans l'expédition de Flandre. Il ne
tarda pas à acquérir en Périgord une
grande importance, au point que le roi, voulant faire exécuter son dernier édit de pa-
cification, lui écrivit en ces termes :.

« Monsieur de Rastiniac, j'ay assez tes-
» moigné et faict congnoitre par effet le
» singulier désir que j'ay de faire establir,
» observer et entretenir mon dernier édict
» de paciffication pour le bien et repos de
» mes subjects, ayant envoyé, par toutes les
» provinces de mon royaume, commissaires,
» gens d'autorité et d'honneur, pour cest
» effect, mesmes en mon pays de Guyenne,
» où ils travaillent et s'employent d'affec-
» tion à remettre toutes choses en bon estat,

» mesmes en la ville de Périgueux. L'exé-
» cution de quoy dépendant des seigneurs
» et gentilshommes dudit païs, tant d'une
» que d'autre religion, j'ay bien voullu vous
» faire la présente pour vous prier que vous
» vous obligiez avec les autres seigneurs et
» gentilshommes catholiques à qui j'en es-
» criptz de mesme substance, pour la seurté
» de ladicte ville de Périgueux, et exercice
» de la justice d'icelle : comme semblable-
» ment le Roy de Navarre, mon frère, fera
» faire semblable obligation et promesse aux
» seigneurs et gentilshommes de la religion
» prétendue réformée dudict païs, à ce que
» les officiers ne facent plus difficulté d'y
» aller. Et oultre ce que vous ferez beau-
» coup pour le bien et repos d'icelluy païs,
» vous me ferez service fort agréable en ce

» faisant : priant Dieu, Monsieur de Rasti-
» niac, vous avoir en sa saincte et digne
» garde. Escript à Paris, le huitième jour
» de juillet 1578. (*Signé*) Henry, (*et plus*
» *bas*) Pinart. »

Attiré en Auvergne par le marquis de
Lignerac, Raymond y épousa, le 16 août
1579, noble Marguerite de Sauniac, dame
de Messillac, qui lui apporta en dot, entre
autres choses, la terre de ce nom, située
dans la paroisse de Raulhac, en Auvergne.
Le marquis de Lignerac, qui tenait pour
la Ligue, avait espéré entraîner Raymond
dans son parti, mais son espoir fut com-
plétement déçu ; Raymond demeura fidèle à
son souverain, et rendit à la couronne de
signalés services qui, disons-le tout de suite,

ne restèrent pas sans récompense. En 1584,
les religionnaires du Mur-de-Barrez, com-
mandés par le vicomte de Lavedan, com-
mirent de nombreux pillages et des dépré-
dations dans ces contrées. La noblesse du
pays s'adressa au roi qui permit de faire
une levée de 300 hommes pour s'opposer
aux huguenots. Raymond prit le commandement de ces 300 hommes, attaqua l'en-
nemi et tua plus de 150 protestants. En
1586, Raymond fut établi lieutenant de roi
dans la haute Auvergne. Le 7 février 1587,
il se rendit à Aurillac, où l'appelaient les
habitants, menacés par les troupes de la
Ligue, que commandait en ce pays Louis
de la Rochefoucauld, comte de Randan.
Jusque-là les Ligueurs n'avaient guère
éprouvé des revers en Auvergne; mais, du

moment que le comte de Randan eut en
face de lui Raymond Chapt de Rastignac,
les choses changèrent de face. Ces deux
capitaines se mesurèrent pour la première
fois près d'Arpajon, petite ville sur la Cère
à trois kilomètres à peu près d'Aurillac. Le
comte de Randan était à la tête d'environ
3000 hommes, et avait conçu le dessein de
se rendre maître de la capitale de la haute
Auvergne. Mais son attente fut trompée;
et il se vit forcé d'abandonner le terrain à
Raymond, qui sauva certainement ainsi
Aurillac des mains des Ligueurs. En 1588,
dit l'abbé Teillard, la ville d'Entraigues fut
prise d'assaut par les huguenots, ses défen-
seurs se réfugièrent dans le château; ils y
furent soutenus par Raymond Chapt de
Rastignac, seigneur de Messillac, qui, le

jour de Notre-Dame, étant accompagné des
sieurs de Morèze et d'Anteroche, à la tête de
300 hommes, tua 40 huguenots, parmi lesquels l'un de leurs principaux chefs. Messillac l'abattit d'un coup d'épée au travers de
la visière du pal, et lui enleva son écharpe
blanche. Les huguenots furent chassés de
leurs retranchements. MM. de Messillac et
de Morèze furent blessés dans ce combat.

Pour prix de ses services Raymond reçut
le collier de l'ordre de Saint-Michel, et fut
nommé, en 1589, gouverneur de la haute
Auvergne. Henri III lui donna des instructions particulières dans lesquelles il lui re-
commandait surtout de s'opposer aux *per-*
nicieux desseins des ennemis rebelles et
de leur faire la guerre de tout son pouvoir.
En même temps le roi mandait aux gen-

tilshommes auvergnats de monter à cheval
et d'aller trouver Raymond, pour soutenir
avec lui les droits et les intérêts du trône.

L'échec éprouvé près d'Arpajon par le
comte de Randan, rendit les fauteurs de la
Ligue en Auvergne plus circonspects et plus
prudents. Les gentilshommes ligueurs, aban-
donnant en général la rase campagne, cher-
chaient un abri derrière leurs créneaux pour
y braver la puissance du roi. Pendant quatre mois Raymond fit l'impossible pour
maintenir ou faire rentrer tout le pays sous
l'obéissance royale. Le 6, ou le 9 juillet 1589
(d'après le *Nobil. d'Auvergne*, tome 2, page
239), il força le château de Cologne, situé
dans la commune de Naucelles, près d'Aurillac, qui appartenait alors à François-
Robert de Lignerac, et y fit prisonnier le

sieur de Marmiesse qui y commandait. Sur
la fin du même mois, il reprit le fort de
Carlat, dont les Ligueurs, par la trahison
d'un soldat, étaient parvenus à changer la
garnison. Cette même année, il assiégea
et prit la ville de Saint-Amand.

Des succès plus décisifs, dus à la valeur
et à l'intelligence de Raymond Chapt de
Rastignac, et de quelques autres capitaines
au service du roi, signalèrent l'année 1590.
Le jour même où Henri IV gagnait la bataille d'Ivry, son parti triomphait des forces
de la Ligue à Cros-Rolland et à Issoire, ville
dont en 1589 le comte de Randan s'était em-
paré. Laissons parler ici M. Imberdis, l'excel-
lent auteur de l'*Histoire des guerres de la
Ligue en Auvergne* :

« Le comte de Messillac (Raymond Chapt
de Rastiniac) ne se borna pas à défendre
le haut pays contre le gouverneur d'Auvergne; il se fit remarquer encore par son
acharnement à poursuivre les religionnaires
partout où ils furent signalés, à des distan-
ces même assez grandes de sa résidence.
Le zèle qu'il avait montré fut payé par une
nomination de lieutenant général qui le fit
recevoir à Aurillac où il mit garnison. Henri III instruisit ainsi les prévôtés du nouveau choix qu'il venait d'arrêter :

DE PAR LE ROI,

Chers et bien aimés, nous avons donné
pouvoir au sieur de Rastignac de commander dans notre haut pays d'Auvergne, et y

assembler des forces pour faire la guerre
à nos ennemis. A cette cause nous vous
mandons que vous ayez à le reconnaître,
l'obéir et l'assister en tout ce qu'il vous
ordonnera pour le bien de notre service
comme votre fidélité et affection nous assu-
rent que vous ferez; et à ce ne faites faute,
car tel est notre plaisir.

Donné à Chatelleraut, etc.

Les forces royales se réunirent et s'ache-
minèrent vers Clermont, ayant à leur tête
les sieurs de Messillac et de Lavedan : 300
cuirassiers et 500 fantassins obéissaient à
ces deux capitaines distingués. Ce corps
était arrivé à Allognat, à trois lieues de
Clermont, lorsque le bruit se répandit que

les Ligueurs marchaient à lui pour le combattre. Sur-le-champ, les chefs déjà rassemblés à Clermont montent à cheval, s'élancent dans la direction indiquée, rencontrent les troupes qui venaient paisiblement dans cette ville, et tous arrivent sans avoir aperçu d'ennemis.

Randan, instruit de ces mouvements, conçut le projet de marcher à la rencontre des royalistes et de les attaquer avant qu'ils fussent en vue d'Issoire; Randan réunit son conseil : les avis furent partagés. Les chefs royalistes ne pourront pas se soumettre aux lenteurs d'un siége; entre autres, Rastignac qui doit redouter quelque surprise, quelque soulèvement dans son gouvernement agité. Mais le comte de Randan était impatient de croiser le fer avec les auxi-

liaires; la bataille de Cros-Rolland est dé-
cidée. »

D'après tous les historiens, Raymond de
Rastignac prit une part glorieuse à cette
bataille. « Dans un mouvement, dit le *Dic-*
tionnaire statistique et historique du Can-
tal, il se trouve en face du chef des Ligueurs,
balançant la fortune par sa valeur bouillante
et l'exemple qu'il donne aux compagnons
d'armes qui se pressent à ses côtés. Les
deux chefs se sont aperçus, ils se préci-
pitent l'un contre l'autre; un flot de com-
battants les sépare et les jette aux extrémi-
tés opposées du champ de bataille. Alors
Messillac se précipite au cœur de l'escadron
de Randan, le hache avec fureur, porte la
mort partout où frappe son épée; les plus
intrépides sont mis hors de combat; le mal-

heureux Randan lui-même, après avoir il-
lustré le champ d'honneur où sa noblesse
est décimée, se voit obligé de se retirer,
blessé mortellement de deux balles dans la
cuisse. Alors les vainqueurs taillent en
pièces les Ligueurs qu'ils peuvent atteindre
dans la plaine. Cette poursuite serait de-
venue une boucherie si Raymond n'eût
couru en avant en criant : *Amis, nous
sommes tous Auvergnats, ne nous tuons
pas les uns les autres.* Ces paroles géné-
reuses sauvèrent une foule de soldats. »

Au mois d'octobre 1590, Raymond alla
joindre l'armée du grand prieur d'Auvergne,
Louis de Lastic, dans la basse Auvergne, et
ne rentra à Aurillac que le 4 décembre de
cette même année. En 1592, il fit réparer les
murailles et les fossés de cette ville que le duc

de Nemours faisait mine de vouloir assiéger.
Cette même année, nous le trouvons en Languedoc, où il se couvre de gloire dans les
rangs des royalistes. Thémines était parvenu
à jeter du secours et à s'enfermer lui-même
dans Villemur, assiégé par Antoine-Scipion
duc de Joyeuse. Henri de Montmorency, gouverneur de Languedoc, donna l'ordre à Antoine de Pleyx de Leques, vieil officier, à
Chambaud et à Montoison, d'aller, avec leurs
troupes, faire lever le siége à quelque prix
que ce fût. Ces officiers, s'étant rendus à
Montauban, s'y arrêtèrent et écrivirent au
maréchal de Matignon de leur envoyer des
renforts; mais celui-ci s'en étant excusé,
ils s'adressèrent à Raymond de Rastignac,
homme d'un courage infatigable, au rapport
de l'historien de Thou, et le prièrent de

marcher au secours de Thémines avec ce
qu'il avait de troupes. Raymond partit à la
tête de cent cuirassiers à cheval et de deux
cents arquebusiers en bon état, et se joignit à ces trois officiers, avec lesquels il se
rendit à Bellegarde, à une lieue de Montauban, où le duc de Joyeuse alla bientôt
les attaquer à la tête de l'élite de sa cavalerie et de ses arquebusiers. L'engagement
eut lieu, mais les deux armées se retirèrent
sans qu'on pût s'attribuer la victoire de l'un
ou de l'autre côté; Thémines était toujours
assiégé dans Villemur. Les royalistes réso-
lurent, pour faire lever le siége, de s'empa-
rer d'abord des forts du Clos et de la Bastide,
situés dans le voisinage. Ils rangèrent leur
armée en bataille, et confièrent à Raymond le
commandement de l'avant-garde. Raymond

avait résolu, même au péril de sa vie, de
délivrer Thémines qui était son ami intime;
et de fait, il ne déposa son épée qu'à la fin
de l'action, lorsque la victoire eut couronné
les efforts énergiques des royalistes. Les Ligueurs furent taillés en pièces à Villemur;
ceux d'entre eux qui purent échapper à la
mêlée trouvèrent la mort dans les eaux du
Tarn. Le duc de Joyeuse qui se retirait en bon
ordre avec un petit nombre de gentilshommes
à Condemines, où il avait mis son artillerie,
trouvant qu'on avait rompu le pont de ba-
teaux qu'il avait jeté sur le Tarn, poussa son
cheval dans cette rivière et s'y noya.

Henri IV, pour récompenser Raymond de
ses services, lui permit d'établir une foire et
un marché à Cros, dans l'étendue de la paroisse de Messillac, par lettres patentes du

mois de janvier 1593. Au mois de juin suivant,
il le fit bailli de la haute Auvergne, dont il
était déjà gouverneur.

Le 19 mars 1594, les habitants de Saint-
Flour, qui tenaient encore pour la Ligue,
se soulevèrent contre leur évêque, Antoine
d'Urfé, et le mirent en prison ; Raymond
Chapt de Rastignac se rendit promptement à
Saint-Flour, apaisa la sédition, remit l'évêque
en liberté et la ville sous l'obéissance du roi.

En cette même année, il se transporta dans
le Limousin pour donner la chasse aux ré-
voltés de cette province, que l'on désignait
sous le nom de *croquans* ou sous celui
de *tard-venus*. Il les attaqua, prit Limoges
et tua plus de deux mille croquants.

A la suite de ces expéditions, Raymond
fut nommé chevalier de l'ordre du Saint-

Esprit ; mais, comme sa présence était nécessaire au service du roi dans son gouvernement, il ne put se trouver au chapitre de
cet ordre, tenu le 6 janvier 1595, pour s'y
faire recevoir.

Vers le mois de juin 1595, Raymond se
mit encore en campagne et rejoignit le duc
de Ventadour qui, après avoir tenu les États
de la province à Castres, marcha contre
le nouveau duc de Joyeuse, à la tête de
quatre mille hommes d'infanterie et six cents
maîtres.

Raymond Chapt de Rastignac fut tué le
vendredi 26 janvier 1596, par une main en-
nemie, d'un coup de fauconneau, à la Fère,
où il était allé pour traiter de quelques
affaires avec Henri IV.

Les annales de la ville d'Aurillac racontent

ainsi sa mort et les honneurs qu'on rendit à
ses dépouilles :

«Le vendredy 25 janvier 1595, Monsieur
de Messilliac étant allé à la Fère voir le
Roy, et y traiter quelques affaires qui le
concernaient, les ayant expédiées et pris
congé de Sa Majesté, voulant s'en revenir,
fut tué là même d'un coup de fauconneau
qu'on dit lui avoir été donné par ordre des
successeurs de M. de Randan. Son corps
fut porté à Paris, où il fut mis embaumé
dans une caisse, et de là transporté en ce
pays... (Aurillac).

» Le 13 février, les gens avec le corps cou-
chèrent à Saint-Cerni, et le lendemain les
prestres de l'église paroissialle Notre-Dame
sortirent avec les consuls et presque tous les

3*

habitants de la ville jusques à la Croix de la
Cormoles, d'où il fut conduit jusques au couvent des Pères de l'observance Saint-François,
où il demeura en dépost jusqu'à ce qu'on
eût préparé tout ce qui étoit nécessaire
pour l'enterrement. Tout le peuple fondit
en larmes pour la perte d'un si grand
homme et d'un si bon gouverneur, à qui le
général et le particulier avaient de très-
fortes obligations.

» Le lundi, 26 dudit mois de février, qu'é-
toit le lundi gras, le corps fut transporté
avec grand pompe funèbre dudit couvent
en l'église paroissielle Notre-Dame de cette
ville, dans laquelle fut fait le service tel
qu'était dû à un homme de son mérite et
de sa qualité et, après le service, fut enterré
dans la chapelle Saint-Nicolas où est de

présent la sacristie, et mis dans un coffre de plomb. »

« *Raymond de Rastignac*, dit M. P. de Chazelles dans le Dictionnaire statistique du Cantal, *laissa deux fils de son mariage avec mademoiselle de Saulnac ; il fut accusé d'être dissolu dans ses mœurs, d'avoir eu plusieurs femmes en même temps unies à lui par acte de mariage. Nous aimons à croire que ces inculpations durent en partie leur origine à la haine de ses ennemis. Il laissa donc plusieurs enfants plus ou moins légitimes, et qui furent condamnés à l'amende, comme non nobles, lors des recherches de 1666. C'est à Raymond que se rattachent les Rastignac du Mur-de-Barrès et de Saint-Vincent.* » Il serait difficile d'entasser plus

d'erreurs dans un pareil nombre de lignes ;
et réellement l'article de M. de Chazelles fait
disparate dans le *Dictionnaire statistique*, où
l'on a l'habitude de trouver la vérité, ou
tout au moins des conjectures discutées sur
des faits authentiques. Ici, M. de Chazelles
a déserté le chemin pratiqué par ses judi-
cieux et sincères collègues, et il tire de son
chef une suite de faits qui, non-seulement
ne reposent sur aucune donnée authentique, mais qui même ont contre eux le
témoignage de l'histoire et de la tradi-
tion.

Nous n'essayerons pas de laver Raymond
de la souillure dont le couvre M. de Chazelles, en l'accusant de polygamie. Seulement, l'on conviendra qu'en avançant de
pareils faits, un écrivain est tenu de les

étayer sur des preuves solides. M. de Chazelles a cru devoir charger gratuitement
la mémoire de Raymond, en rejetant la
responsabilité de sa propre assertion sur
quelqu'un qu'il ne nomme pas; cette ma-
nière de procéder est d'autant moins excu-
sable qu'elle a pour résultat de contribuer
à ternir un nom honorable. Si M. de Chazelles avait consulté les titres de la famille
Chapt de Rastignac, s'il avait ouvert d'Hozier, il aurait vu que Raymond eut de Marguerite de Saunhac, sa seule, sa légitime
femme, quatre enfants légitimes :

1° Bertrand Chapt de Rastignac, sieur de
Messillac ;

2° Jean Chapt de Rastignac ;

3° Antoine Chapt de Rastignac ;

4° Claude Chapt de Rastignac.

Le premier ne se maria pas : il vécut en
concubinage et eut plusieurs enfants naturels qui ont continué sa postérité. Ces enfants furent condamnés comme usurpateurs
de titres nobiliaires lors de la recherche de
1666-1669 : la condamnation de Bertrand,
l'aîné d'entre eux, est du 20 mai 1667,
d'après le registre C.4. des archives départementales du Puy-de-Dôme; en 1705, ils
furent de nouveau condamnés comme réci-
divistes, ainsi qu'on le voit dans un registre
de la bibliothèque de Clermont en Auvergne,
n° 43.21. U. 9ª pag. 219, et dans un autre
registre des archives départementales du
Puy-de-Dôme, marqué C.6. Dans ce dernier
on lit : *Bertrand Cap de Rastignac, seigneur de Messilhac, assigné par exploit
du dernier avril 1705, déclaré usurpa-*

teur ; condamné en 2,000 livres d'amende et l'indue jouissance ; (modéré) attendu sa misère, à 15 livres et aux dépens liquidez à 10 livres. Le jugement signiffié le 19 septembre 1705.

Le second fils de Raymond, qui dans la succession paternelle, eut, entre autres biens, les terres et seigneuries de Montamat et Griffol ou Griffoul, en Auvergne, épousa demoiselle Antoinette de Joulhie, dame de Vareilles, près de Bronmat en Rouergue ; on ne lui connaît qu'une fille, Jeanne Cat de Rastignac de Montamat, mariée par contrat du 14 décembre 1644, passé au Mur-de-Barrés devant Fages, notaire, à noble Antoine d'Umières, écuyer, sieur d'Espalivet, fils de feu noble Gaspard d'Umières, écuyer, et de feue demoiselle Jeanne de la Roque.

C'est par cette fille que les seigneuries de Montamat et de Griffoul, ayant appartenu à son père, Jean Chapt de Rastignac, et celle de Vareilles, ayant appartenu à sa mère, sont entrées dans la maison d'Umières. Jean Chapt de Rastignac ne vivait plus à la date du 14 décembre 1644.

Les deux autres fils de Raymond Chapt de Rastignac, nommés l'un Antoine et l'autre Claude, avaient le titre d'écuyer, au 15 novembre 1619, comme le prouve un acte de cette époque, dont il est fait mention dans d'Hozier. Au reste, on ignore leur sort ultérieur [1].

---

[1] Cet article a été rédigé sur le vu de pièces contenues dans le fonds de d'Hozier, au cabinet des titres de la Bibliothèque Impériale.

Quant à Marguerite de Saunhac, elle sur-
vécut à son mari Raymond Chapt de Rastignac. Dans une curieuse et savante notice
que M. le baron de Sartiges d'Angles a faite
sur Carlat, nous trouvons un détail historique fort honorable pour la veuve de Raymond. François-Jacques du Pouget-Nadail-
lac, seigneur de Morèze, capitaine gouverneur de Carlat, ayant inspiré de la méfiance
à Henry IV, ce roi le fit prendre et retenir
prisonnier au château de Saint-Étienne, à
Aurillac. Après quoi, François de Noailles,
lieutenant-général du roi, en haute Auvergne, s'achemina vers Carlat dans le dessein de s'en rendre maître. « La dame de
Morèze, dit M. le baron de Sartiges d'Angles, inaccessible à la peur pour elle-même,
mais craignant pour ses enfants les suites

d'un long siége, les dangers d'une prise
d'assaut, fit sortir et mettre en sûreté les
sept plus jeunes, ne gardant auprès d'elle
que les deux aînés, qui, à raison de leur
âge, pouvaient lui être utiles dans l'héroï-
que résistance à laquelle elle se préparait.
De leur côté, les parents de Mme de Morèze, effrayés de sa position, s'assemblè-
rent au château de Messilhac, pour aviser
aux moyens de conjurer l'orage prêt à
éclater. On y émit d'abord un avis plein
d'audace : on proposait d'enlever de vive
force le prisonnier d'Aurillac, et d'opérer
ensuite une diversion favorable à la dé-
livrance de Carlat. Mme de Messilhac, dont
l'illustre mari, Raymond de Rastignac, avait
été l'un des plus vaillants et fidèles sou-
tiens de la cause de Henri IV, la dame de

Messilhac, disons-nous, trouva le parti proposé dangereux, et d'ailleurs indigne de sujets dévoués; elle fit observer qu'une démonstration de cette nature serait, sans nul doute, considérée comme un acte de rébellion ouverte qui, cependant, n'était dans la pensée de personne; qu'il serait à la fois plus prudent et plus sûr d'offrir de se soumetre à des conditions honorables. Ce sage conseil fut entendu et adopté; des pourparlers eurent lieu; » et finalement on arrangea à l'amiable cette affaire qui avait jeté un grand émoi dans le pays, et tenu pendant quinze jours tous les esprits en suspens.

Jean Chapt de Rastignac, quatrième du nom, connu dans son temps sous le nom de comte de Rastignac, fils aîné d'Adrien

Chapt de Rastignac et de Jeanne d'Hautefort, fit ses premières armes sous les
drapeaux de la Ligue; il se joignit aux
seigneurs du Périgord qui, en 1587, allè-
rent, sous la conduite du sieur d'Hautefort, porter secours à Louis de Salignac de
la Mothe-Fénelon, évêque de Sarlat, assiégé par le vicomte de Turenne dans sa ville
épiscopale. Au rapport de Mézerai, il assista de tout son pouvoir Henri de la Marthonie, évêque de Limoges, qui travaillait
puissamment à faire déclarer cette ville en
faveur du duc de Mayenne. Plus tard, Jean
Chapt de Rastignac se rattacha au parti
royaliste et le servit fidèlement. Il y ga-
gna le titre de maréchal de camp qu'il
portait dès le 24 janvier 1601.

　Lorsque le prince de Condé eut été ar-

rêté par ordre du roi ou mieux par ordre
de la régente Marie de Médicis, Louis XIII
écrivit à Jean de Rastignac la lettre sui-
vante :

« Monsieur de Rastinhac, encores que je
croye que mon cousin le maréchal de Roquelaure vous aura faict sçavoir comme
j'ay faict arrester près de moy mon cousin le prince de Condé sur les advis que
j'avois des entreprises qui se faisoient sur
ma personne et sur celle de la Royne, madame ma mère, pour empescher que ceux
qui avoient ces mauvaises intentions ne se
soient serviz de son nom et de sa présence pour les effectuer, néantmoins, j'ay
bien voulu vous faire ce mot sur ce subject pour vous recommander de me tes-

moigner en ceste occurrence votre affection
à mon service, comme je veux croire que
vous ferez selon que vous pouvez juger
ceste affaire estre important; vous asseurant que je reconnoistray volontiers le
bon debvoir que vous rendrez en ceste
occasion de tous les effects que vous
debvez attendre de ma bonne volonté en
votre endroit. Sur ce, je prie Dieu, monsieur de Rastinhac, vous avoir en sa
saincte garde. Escrit à Paris, ce IIIᵉ de
septembre 1616. (*Signé*) Louis, (*et plus
bas*) Phélyppeaux.»

Il est sûr que la conduite de Jean Chapt
de Rastignac fut conforme aux espérances
de Louis XIII, car le roi, par brevet du
10 mars 1617, le fit conseiller au conseil

d'État et privé. Le brevet porte que cette grâce est accordée au sieur de Rastignac, en considération des bons et recommandables services rendus, tant à Henry IV qu'à son fils et successeur, en plusieurs charges et occasions importantes au bien de leurs affaires, *dont il s'étoit toujours très-bien et dignement acquitté et par le moyen desquelles il s'étoit acquis grande capacité et expérience pour toutes celles où il pouvoit estre employé.*

Deux jours après, c'est-à-dire le 12 mars 1617, le roi érigea en marquisat la terre de Rastignac, comme en fait foi le brevet suivant :

« Aujourd'hui douze mars mil six cent dix-sept, le roy étant à Paris, désirant re-

cognoitre les bons et fidelles services du
sieur de Rastignac, Jean de Chapt, mares-
chal de ses camps et armées, et inclinant à
la supplication qu'il a faite d'ériger en titre
de marquizat la terre et baronnye de Rastignac, Sa Majesté le voulant gratiffier et fa-
vorablement traitter en cette occazion, comme
en toute autre qui s'en offrira, attendu même
qu'il luy a fait entendre que ladite terre est
de grande estandue, consiste en plusieurs
beaux droits de justice et autres avantages,
pour lesquels elle mérite d'estre honorée
d'un nom et qualité plus grand qu'elle n'a
eu jusques à présent, Sa Majesté a octroyé
et accordé audit sieur de Rastignac l'érection
de cette terre et baronnye en titre de marquizat, pour en jouir aux mêmes devoirs,
honneurs, authorités, priviléges, rangs et

libertés qu'ont les autres marquis de ce
royaume, m'ayant pour tesmoignage de sa
volonté commandé en expédier audit sieur
de Rastignac toutes lettres et expéditions
nécessaires, et cependant le présent brevet;
et l'a signé de sa main, et faict contresigner
par moy, conseiller en son conseil privé et
secrétaire de ses commandemens. (*Signé*)
Louis, (*et plus bas*) Phélyppeaux. »

Le 23 mars 1618 fut marqué par une
nouvelle grâce du roi à Jean de Rastignac.
Louis XIII, par brevet de ce jour, lui ac-
corda une pension de 3600 livres.

Le dernier jour de février 1619, au sujet
du départ inopiné de la reine-mère de la ville
de Blois, Louis XIII écrivit en ces termes à
Jean Chapt de Rastignac :

4

« Monsieur le Comte, ayant toute occasion
de craindre qu'ensuitte du prompt et inopiné
départ de la royne, madame ma mère, de la
ville de Blois et de son acheminement à Angoulême, il ne se passe quelque chose qui
ne préjudicie à mon service, et sçachant ce
qui est de votre fidellité et affection par les
bonnes preuves que vous en avez tousjours
rendues, je vous ay voullu faire ceste-cy, qui
vous sera rendue de la part de mon cousin
le duc de Mayenne, pour vous prier de l'assister de ce qui dépendra de vous, et vous
tenir prest avec voz amis, que vous ferez
advertir pour me servir en ces occurrences,
selon qu'il vous fera entendre estre de mes
intentions, et qu'il verra estre à propos pour
mondit service. Et me tesmoignant en cela
ce que je doibs attendre de votre zèle et

dévotion, vous pouvez aussi vous asseurer
de ma bonne volonté en votre endroit, pour
vous gratiffier et reconnoistre en ce qui se
présentera pour votre bien et contentement.
Sur ce je prie Dieu, Monsieur le Comte,
vous avoir en sa saincte garde. Escrit à Paris le dernier jour de février 1619. (*Signé*)
Louis, (*et plus bas*) Phélyppeaux. »

Enfin, le même roi écrivit encore à Jean
Chapt de Rastignac, le 31 juillet 1620,
une nouvelle lettre dont voici la teneur :

« Monsieur de Rastignac, j'ay eu plaisir
d'entendre les asseurances que vous me
donnez par vos lettres de votre fidellité et
affection au bien de mon service, dont je
me promets qu'en ces occurrences vous me

rendrez les mesmes preuves que vous avez
faict par le passé. A quoy je vous exhorteray
encore par celle-cy, vous asseurant que je
vous ay tousjours en la considération que
vous méritez, et que si les affaires passent
plus outre, je seray bien aize de vous donner
de l'employ convenable à votre quallité et à
l'estime que je fais de votre personne, et de
vous faire ressentir aux occasions les effects
de ma bienveillance en votre endroit. Sur
ce je prie Dieu, Monsieur de Rastignac,
vous avoir en sa saincte garde. Escrit au
Mans, ce dernier jour de juillet 1620. (*Signé*)
Louis, (*et plus bas*) Phélyppeaux. »

Jean Chapt de Rastignac fut marié deux
fois. Par contrat du 23 février 1604, il épousa
Jacquette de Genouillac, veuve de Jean de

Luzech, baron de Luzech en Querci, une des meilleures maisons de ce pays : en secondes noces, il épousa Jeanne de Lastours, veuve de Gabriel d'Abzac, marquis de la Douze, et fille de Jean de Lastours, premier baron du Limousin.

Jean Chapt de Rastignac mourut en son *château et ville* de Luzech, le 26 octobre 1621 ; un dominicain de Cahors prononça son oraison funèbre.

Jean François Chapt de Rastignac, fils aîné des trois enfants que Jean Chapt de Rastignac laissa de son premier mariage, embrassa de bonne heure la carrière des armes. En 1635, il était colonel d'un régiment qui portait son nom. A la seconde Fronde, au commencement de la guerre de Bordeaux, le roi écrivit à Jean

François Chapt de Rastignac la lettre sui-
vante :

« Monsieur le comte de Rastignac, j'ay
esté particulièrement informé des bons sentiments dans lesquels vous et vos amis avez
esté de vous joindre au sieur marquis de
Hautefort, lorsqu'il vous a fait requérir, pour
maintenir dans l'obéissance qui m'est deue
ceux de mes subjects de mon pais de Périgord qui tesmoingnoyent par leurs deporte-
mens estre mal intentionnez au bien de mon
service à cause des mouvemens survenus
dans ma province de Guienne et ville de Bordeaux. De quoy ayant toute satisfaction, j'ay
désiré vous le faire connoistre par cette lettre
que je vous fais de l'advis de la reyne re-
gente, madame ma mère, et vous exhorter de

continuer à me donner des preuves de votre
affection dans les rencontres qui s'en présen-
teront ; asseuré que lorsqu'il s'offrira subject
de vous en reconnoistre, je vous feray ressentir, et à vos amis qui ont eu la même
bonne volonté que vous, les effects de ma
bienveillance que je conserve en leur endroit
et au vostre, ainsi que vous fera plus particulièrement entendre, et à eulx aussi, de ma
part, le sieur de Redon, l'un de mes gentil-
hommes servans, qui vous rendra la présente, laquelle n'estant à autre effect, je prie
Dieu vous avoir, Monsieur le comte de Rastignac, en sa saincte garde. Escrit à Paris, le
IIIᵉ jour de janvier 1650. (*Signé*) Louis, (*et
plus bas*) Phélyppeaux. »

En 1656 on trouve Jean François Chapt

de Rastignac, qualifié *maréchal de camp des armées du roi, et capitaine de cinquante hommes d'armes.*

Par contrat de mariage, en date du 12 novembre 1625, il épousa demoiselle Gabrielle de Sédières, et en eut un fils et trois filles. C'est à son fils, appelé François Chapt, marquis de Rastignac, que le bourg de la Bachellerie, à huit kilomètres de Montignac et à trente-quatre de Périgueux, doit son église. Par contrat du 12 juin 1672 François épousa demoiselle Jeanne Gabrielle de Clermont-Vertillac, fille de Jacques Victor de Clermont-de-Toucheboeuf; il en eut cinq enfants, parmi lesquels il faut mentionner particulièrement le troisième, Louis Jacques Chapt de Rastignac. Voici ce qu'en dit la *Biographie Universelle* :

« Louis Jacques Chapt de Rastignac, né dans le Périgord en 1684, fut élevé au séminaire de Saint-Sulpice, et parut avec éclat sur les bancs de la Sorbonne. Il prit le bonnet de docteur, et fut fait évêque de Tulle en 1722. Une thèse sur les quatre articles, à laquelle il présida, excita le mécontentement de la cour de Rome; et l'on exigea du prélat une espèce de satisfaction. Il fut transféré à l'évêché de Tours en 1723. L'église était alors troublée par les querelles qu'avaient excitées les appelants. Rastignac montra un attachement très-vif aux constitutions des papes, et n'omit rien pour réduire les opposants dans son diocèse. Benoît XIII le loua de son zèle par un bref du 22 août 1725. Le prélat surmonta les obstacles qu'il trouva dans son chapitre, et publia des mandements

4*

en faveur de l'église d'Embrun contre la con-
sultation des cinquante avocats, et sur d'autres matières. Il assista aux assemblées du
clergé de 1723, de 1726 et de 1734, et parut
faire cause commune avec ses collègues pour
la défense des droits et des décisions de
l'Église. Son esprit conciliant, sa facilité à
s'énoncer, ses manières aimables, le firent
juger propre à diriger les assemblées du
clergé, lorsque M. de Vintimille, archevêque
de Paris, fut forcé, par l'âge et les infirmités,
de se retirer des affaires. Rastignac présida
l'assemblée du clergé de 1745 et celles de
1747 et 1748. Dans la première, il fit un
rapport sur le livre de l'abbé Travers, les
Pouvoirs légitimes, et engagea l'assemblée à
accorder un secours au père Berthier pour la
continuation de l'histoire de l'Église gallicane.

Il dénonça plusieurs fois au roi les efforts
de l'incrédulité naissante. Ce fut peu après,
que des discussions qu'il eut, dit-on, avec les
jésuites, le jetèrent dans une route contraire
à celle qu'il avait suivie jusque-là. Ce chan-
gement éclata lors de la publication du livre
du père Pichon. Peu content de condamner
cet ouvrage inexact, il donna successivement,
en 1748 et 1749, trois instructions pastorales,
destinées à combattre les principes des jésuites. Les deux premières, sur la pénitence
et la communion, furent également critiquées
par les jésuites, et dans les *Nouvelles ecclésiastiques*, 1748, page 66. La troisième instruction pastorale produisit plus de bruit
encore; elle était datée du 23 février 1749, et
roulait sur la justice chrétienne, par rapport
aux sacrements de Pénitence et d'Eucharistie,

On sait qu'elle fut composée par l'appelant
Gourlin, sous la direction du docteur Bour-
sier; et ils y insérèrent les réflexions et les
maximes les plus chères aux appelants. Sur
les plaintes qui s'élevèrent, le cardinal de
Rohan réunit, par ordre du roi, quelques
évêques chargés d'examiner l'instruction.
Ces évêques étaient MM. Bertin, évêque de
Vannes; La Taste, évêque de Bethléem;
Robuste, évêque de Nitrie, et Billard, évêque
l'Olympe, qui s'adjoignirent le docteur Mon-
tagne, théologien de Saint-Sulpice. On écrivit
à l'archevêque de Tours pour l'engager à
expliquer son instruction. D'un autre côté,
un anonyme, qu'on dit être l'abbé Cussac,
ayant publié une lettre contre l'instruction
pastorale, l'archevêque condamna cet écrit,
par un mandement du 15 novembre 1749;

et, peu après dans une lettre du 5 février
1750, il protesta qu'il était soumis aux décisions de l'Église. Un nouvel écrit de Cussac,
sous le titre de *Réponse*, excita les plaintes.
de l'archevêque, qui le déféra aux magistrats
et à l'assemblée du clergé. C'est au milieu
de cette dispute que Rastignac fut attaqué
d'une maladie grave qui l'emporta en quelques jours. Il mourut au château de Veret,
le 3 août 1750. Les bruits étranges qui
circulèrent sur le genre de sa mort, attri-
buée à un empoisonnement causé par la
méprise ou la maladresse d'un chirur-
gien, n'avaient aucun fondement. Ce prélat était d'ailleurs un homme distingué
par les grâces de son esprit, par l'amé-
nité de ses mœurs et par la générosité
de son caractère. Outre son siége, il jouis-

sait de quatre abbayes. » (*Biographie Universelle*.)

Le livre du père Pichon, jésuite, est intitulé : *L'Esprit de Jésus-Christ et de l'Église
sur la fréquente communion*. On en connaît deux éditions, l'une, dite de Paris, *Paris, Guérin,* 1745, *in-12, xv et 536 pages* ;
l'autre, dite de Liége, *Liége, chez Charles
Colette, in-8° de 446 ou 438 pages*, suivant
que le volume contient ou ne contient pas diverses approbations des archevêques et évêques de Basle, Besançon, Cologne et Mar-
seille, toutes pièces que ne renferme pas
l'édition de Paris. Ce livre, imprimé avec
l'approbation des supérieurs du père Pichon,
est totalement opposé au livre du janséniste
Antoine Arnauld, intitulé : *De la fréquente
communion*. Le premier mandement de l'ar-

chevêque de Tours à son sujet, est daté du
15 décembre 1747, et porte ce titre : « *Mandement de Monseigneur l'archevêque de
Tours, au sujet d'un livre intitulé : l'Esprit de Jésus-Christ et de l'Eglise sur la
fréquente communion, par le père Pichon, etc., etc. Paris, Duprez et Cave-
lier, 1747, in-4° de 8 pages.* » L'archevêque y condamne ce livre et en défend la
lecture ; mais, en même temps, il fait l'éloge
de la morale et de la société des jésuites,
et condamne la morale outrée des jansé-
nistes sur la communion. Le 24 janvier 1748,
le père Pichon écrivit à M. de Beaumont,
archevêque de Paris, une lettre, par laquelle
il désavouait, rétractait et condamnait lui-
même son ouvrage, suppliant même ce prélat de rendre sa rétractation publique.

Louis Jacques Chapt de Rastignac fut
sacré évêque de Tulle, le 1er janvier 1722,
dans l'église des jésuites de la Rochelle.
Le 17 octobre 1723, il obtint l'abbaye de
Notre-Dame-de-la-Couronne, ordre de saint
Augustin, congrégation de France, au diocèse d'Angoulême; et dans le même mois
d'octobre 1723, il fut transféré à l'archevêché de Tours, pour lequel il prêta serment
le 5 novembre 1724. Le 29 mars 1727,
il fut nommé à l'abbaye de la Trinité
de Vendôme, ordre de Saint-Augustin,
au diocèse de Blois. En 1737, il obtint
l'union de l'abbaye de Marmoutier, ordre
de Saint-Benoît, à son archevêché. Le 2 février 1746, il fut fait commandeur de
l'ordre du Saint-Esprit, et enfin, au mois
de septembre 1748, il obtint l'abbaye

de Vauluisant, ordre de Cîteaux, au diocèse de Sens.

Un écrivain, contemporain de l'archevêque de Tours, parle de ce digne prélat
dans les termes suivants :

« Avec toutes les qualités dont nous venons
de parler, M. de Rastignac possédait dans
un degré éminent le talent inestimable de
gouverner. Il avait le don de connaître les
hommes, celui de les employer selon leurs
talents, et savait faire aimer et respecter l'autorité. Né généreux et bienfaisant, il em-
ployait son crédit pour l'avantage de ses
diocésains, et saisissait avec empressement
les occasions de leur rendre service. Sa libé-
ralité n'avait pas de bornes : c'est elle prin-
cipalement qui le rendit si cher à ses diocésains, dont il a reçu en diverses occasions

les marques les plus touchantes de tendresse et de dévouement. Outre les pensions et les gratifications qu'il accordait en très-grand nombre pour l'entretien de pauvres familles de toute condition, on a vu ce prélat loger et nourrir dans les temps des inondations de la Loire, tous les habitants des campagnes voisines de Tours, avec leurs troupeaux et tout le menu peuple de la ville. Il se plaisait à cultiver à ses frais les talents des jeunes ecclésiastiques, et soutenait à ses dépens un établissement propre à inspirer à son clergé le goût des sciences. Né avec un esprit juste et conciliant, il se servait de l'autorité de sa place et de la confiance qu'inspiraient sa droiture et ses lumières, pour terminer les différends, rétablir la paix dans les familles, et prévenir les

dissensions. Des mœurs douces, un commerce sûr, un cœur né pour l'amitié, lui
avaient attaché les plus illustres amis. Il a
laissé à la ville de Tours des monuments de
sa bienveillance, qui doivent y rendre sa
mémoire précieuse à jamais, ayant fait réu-
nir l'abbaye de Marmoutiers à l'archevêché, l'abbaye de Saint-Julien de cette ville
au collége des Jésuites, le prieuré d'Oléron
au chapitre de Saint-Gatien, et unir les
bénéfices du chapitre de Saint-Côme au
chapitre de Saint-Martin-de-Tours. Les
derniers jours de juillet de l'année 1750,
il se sentit attaqué de la maladie dont il
mourut, le troisième jour d'août de la
même année, âgé d'environ soixante et
cinq ans. Il donna pendant le temps de
ses souffrances, qui furent très-vives, les

marques les plus sensibles de résignation
à la volonté de Dieu. Son humilité le
porta à faire une espèce de confession
publique. Les assistants fondaient en larmes. Il s'exhorta lui-même par un dis-
cours à la réception du saint viatique,
qu'il reçut avec une profonde religion. Il
fit aussi une déclaration des sentiments
dans lesquels il avait toujours vécu, et
protesta qu'un des fondements de sa confiance en la miséricorde divine était l'atten-
tion qu'il avait toujours eue de les conser-
ver sans altération. La nouvelle de sa mort
causa une désolation générale dans la Tou-
raine. Tous les états le pleurèrent comme
leur père. Le chapitre de Saint-Gatien a
fait graver son épitaphe sur un marbre
qui est dans cette église, comme un mo-

nument de sa douleur et des vertus de ce
prélat [1] ; mais rien ne fait mieux son éloge,
que la vénération qu'on a pour sa mémoire dans tout le royaume et chez les
nations étrangères. »

Le frère aîné de l'archevêque de Tours,
appelé Jacques Gabriel, *comte de Rastignac*, né au mois de novembre 1677, fut
reçu page de la grande écurie du Roi en
septembre 1693 ; il épousa, par contrat du
7 décembre 1701, demoiselle Marie Anne
de Narbonne Arnouil, dont il n'eut pas
d'enfants. Il mourut en 1744. Le 14 octobre 1732, il avait fait un testament par
lequel il léguait l'usufruit de tous ses biens
à Jeanne Chapt, marquise de Gaubert, sa

[1] Voyez p. 177.

sœur, et instituait pour son héritier uni-
versel, Pierre Louis Chapt de Rastignac,
comte de Puyguilhem. La famille du comte
de Rastignac intenta procès sur procès pour
faire casser ce testament, mais elle fut con-
damnée par arrêt du 8 avril 1756, qui
ordonna que le testament de Jacques Gabriel serait exécuté selon sa forme et teneur.

Son second frère, nommé Armand Hippolyte Gabriel Chapt, vicomte de Rastignac,
continua la postérité de la seconde branche.
Né le 19 décembre 1683, il fut reçu page
de la grande écurie du Roi en 1699, et fait
chevalier de Saint-Louis; il fut aussi capitaine de cavalerie dans le régiment commissaire-général. Par contrat du 22 janvier 1722, il épousa Françoise Foucaud,

demoiselle de la Besse, qui lui donna deux enfants, un fils et une fille. Il mourut le 18 août 1748. Le fils, nommé Jacques Jean Chapt, marquis de Rastignac, mourut le 13 avril 1783, sans laisser de postérité. La fille, nommée Marie Anne Pétronille Chapt, demoiselle de Rastignac, née le 1er septembre 1729, décéda le 9 janvier 1847, à Périgueux. Ainsi s'éteignit la seconde branche de la maison Chapt de Rastignac.

III

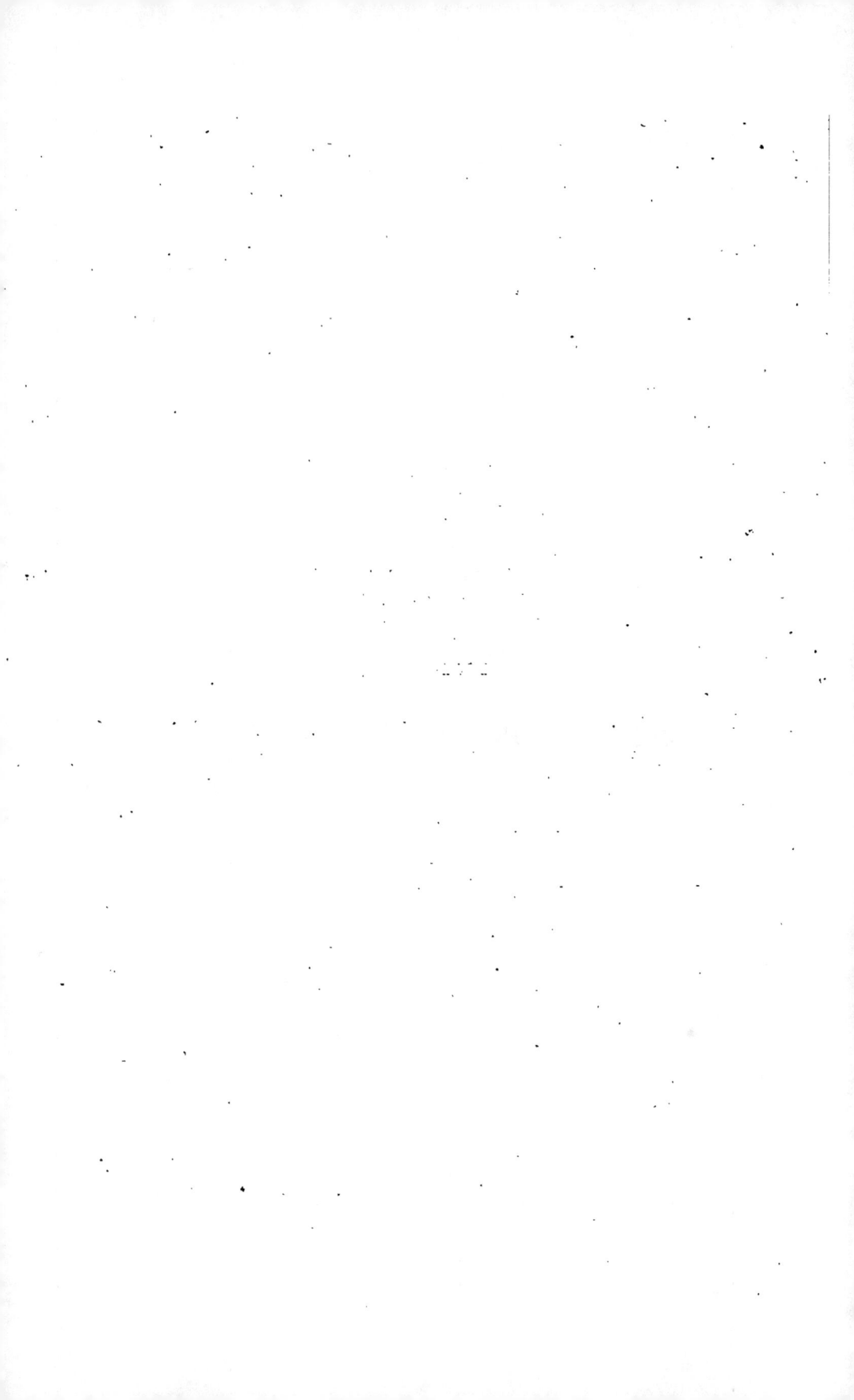

TROISIÈME BRANCHE

DITE

DE LAXION ET DE FIRBEYS.

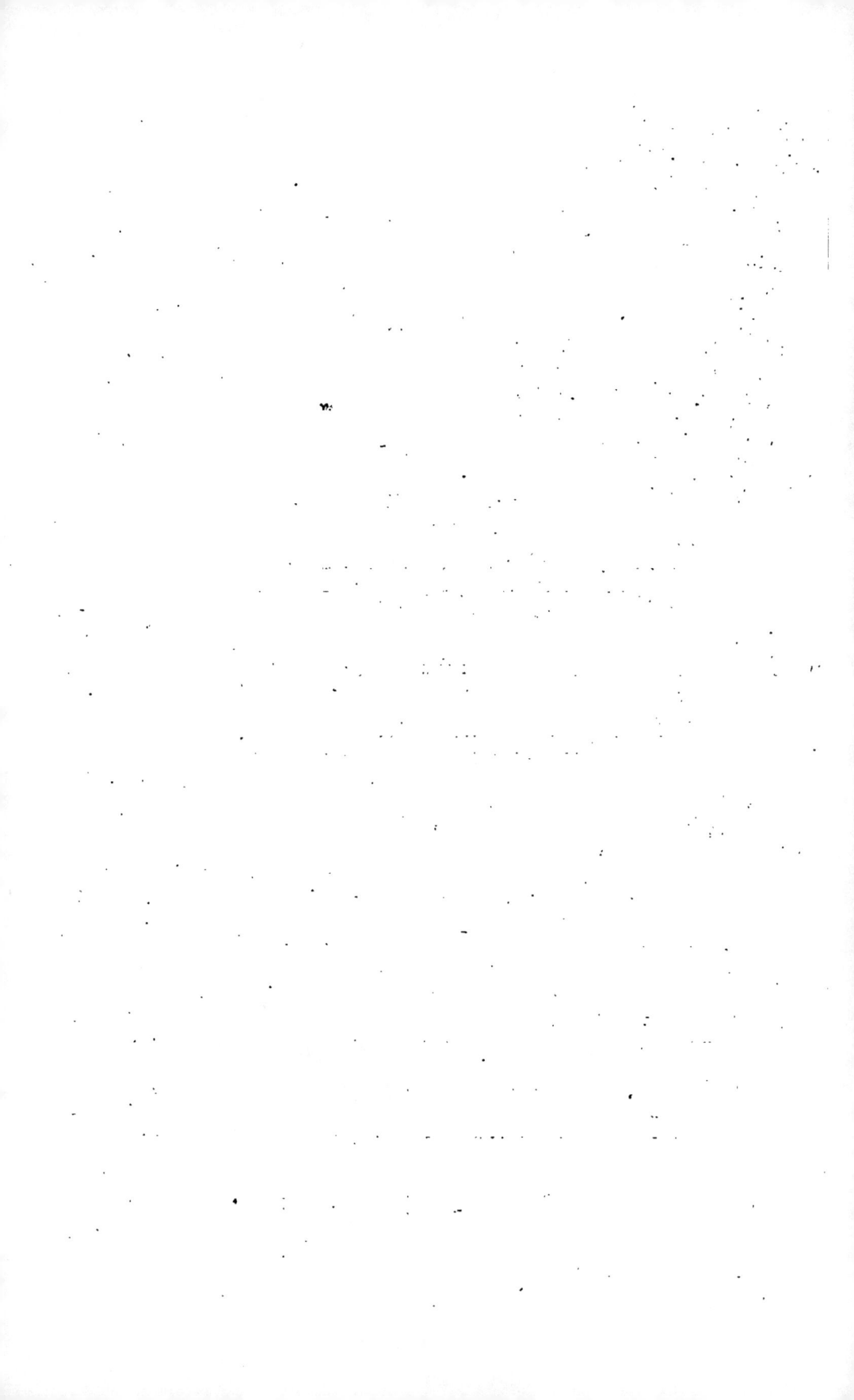

La troisième branche de la maison Chapt de Rastignac est connue sous le nom de branche des seigneurs de Laxion et de Firbeys. Elle fut formée au XVIe siècle, par Peyrot ou Perrot Chapt de Rastignac, troisième fils d'Adrien Chapt de Rastignac

et de Jeanne d'Hautefort. La terre de Laxion
était entrée dans la maison Chapt lors du
mariage d'Antoine Chapt de Rastignac avec
Marguerite de Calvimont qui l'avait héritée
de son premier mari Gaston de la Roma-
gière, écuyer, sieur de Laxion et de Saint-
Jorry-las-Bloux. Le fils aîné d'Antoine et
de Marguerite, ayant été tué en duel, le
1er janvier 1597, par Guy de Bonneguise,
sieur de Peyreaulx et de Badefou, sa sœur
Marguerite devint dame de Laxion et de
Saint-Jorry. Le 27 août 1599, elle épousa
son cousin Peyrot Chapt de Rastignac, qui
fut ainsi seigneur de Laxion.

Quant à la terre de Firbeys, elle entra
dans la maison Chapt de Rastignac au
xviie siècle, du chef de Marie Arlot, qui
la porta en mariage à Jacques Chapt

de Rastignac, deuxième fils de Peyrot.

Peyrot paraît avoir été un duelliste dé-
terminé, si l'on en juge par l'article que
lui a consacré d'Hozier. Nous le voyons,
en effet, se battre en duel, une première
fois, contre Jean de Ferrières, marquis de
Sauvebœuf. Il avait pris pour second son
cousin Raymond, qui périt en cette occasion des mains de Gui de Bonneguise.
Cette affaire fut assoupie par l'intermédiaire
du duc de Bouillon, qui en écrivit au con-
nétable de Montmorency, pour l'accommo-
der. Peyrot se battit encore en duel au
mois de janvier 1598, ayant pour second
Henry d'Hautefort, contre Jean de Montfre-
beuf, qu'il eut le malheur de tuer ; au mois
de mars 1599, il obtint pour ce fait des
lettres de rémission. Il eut enfin un troi-

sième duel, avec Pierre d'Abzac, sieur de Villars, qui y reçut deux coups d'épée.

Peyrot, à côté de ces souvenirs, en a laissé d'autres plus chers et plus précieux à ses descendants. Ayant à sa suite une bonne troupe de gendarmes qui ne recevaient ni paye ni récompense du roi, il servit Henri IV avec zèle et courage, et exposa souvent sa vie tant au siége d'Amiens qu'à celui de La Fère, où le fameux Raymond Chapt de Rastignac, oncle de Peyrot, trouva la mort, comme il a été dit précédemment. Plus tard, lorsque Louis XIII vint à Bordeaux, allant au-devant d'Anne d'Autriche, infante d'Espagne, sa future épouse, Peyrot se montra fidèle et dévoué au service du fils comme il l'avait été au service du père. Le roi avait

commandé à Roquelaure, maréchal de France,
d'assembler des troupes pour se saisir des
ports et rivières par où Sa Majesté devait
passer afin de prévenir les menées des protestants ostensiblement opposés au mariage
d'un roi de France avec une infante d'Espagne; Peyrot se rendit des premiers sous
la cornette du maréchal avec quantité de
gendarmes, et demeura sur pied jusqu'à la
fin sans recevoir ni solde, ni récompense.
Il servit constamment les intérêts du roi,
et aucune faction, dans ces temps difficiles,
ne put le faire dévier de ce qu'il croyait
être son devoir.

Peyrot Chapt de Rastignac fit bâtir près
de l'ancien château de Laxion, un château
splendide, qui passait pour un des plus beaux
du Périgord. Il mourut le 26 juillet 1621,

5*

laissant une veuve et neuf enfants, dont quatre fils et cinq filles. Son fils aîné étant mort d'une maladie contagieuse le 5 octobre 1634, son second fils Jacques Chapt de Rastignac continua sa descendance comme seigneur de Firbeys; le petit-fils de Jacques, nommé Charles Chapt de Rastignac, épousa Catherine de Prugue, qui ne lui donna qu'une fille nommée Françoise. Françoise épousa le 9 avril 1709 Jacques-François Chapt de Rastignac, seigneur de Puyguilhem, son parent, et lui apporta la seigneurie de Firbeys. La branche de Firbeys se fondit ainsi dans celle de Puyguilhem, dont il sera question plus loin.

IV

QUATRIÈME BRANCHE

DITE

DES MARQUIS DE LAXION.

Cette branche doit son origine à François Chapt de Rastignac, troisième fils de Peyrot et de Marguerite Chapt de Rastignac, qui, en mars 1653, obtint l'érection de la terre de Laxion en marquisat. Cette grâce, accordée par le roi à François, fut sans doute la

récompense des services que Louis XIV en
avait reçus, notamment pendant les années
1651 et 1652, marquées par des dissensions
civiles qui ensanglantèrent le midi de la
France et particulièrement le Périgord. Ce
pays, en effet, placé à portée de Bordeaux,
qui était le centre des opérations des Fron-
deurs attachés au parti du prince de Condé
révolté contre son roi, dut plus que tout
autre être exposé au désordre et au trouble.
François montra, dans ces circonstances difficiles, une valeur et un sang-froid qui dé-
concertèrent les plus hardis aventuriers en
quête de pillage : il préserva son château
de Laxion. Au reste sa bravoure était de no-
toriété publique, on l'avait surnommé *le
brave Laxion*. L'on assure que cette réputation de courage lui coûta la vie, en le

forçant à accepter un duel sans autre motif que celui *de se battre*. Le provocateur était le sieur du Pouquet de Chantérac. Le duel eut lieu le samedi 3 mai 1656, près d'un village nommé Chapt-de-Lalande, en Périgord, d'abord au pistolet, puis à l'épée. François y fut blessé mortellement, et expira le lendemain dans la maison du notaire de Corniac où il avait été transporté. Il avait épousé demoiselle Jeanne d'Hautefort, qui mourut en 1702. De ce mariage vinrent sept enfants, trois fils et quatre filles; l'aîné des fils, nommé Jean François, servit en qualité de volontaire en Hollande et en Allemagne sous le maréchal de Turenne, et fut fait, en 1672, capitaine d'une compagnie de cavalerie. Il se maria deux fois, et mourut le 15 mars 1694, sans laisser de postérité.

Son second frère, nommé Charles, embrassa d'abord la carrière ecclésiastique ; mais après la mort de son père, il prit le parti des armes, et servit avec distinction en Hollande en 1673 ; fut fait capitaine de cavalerie en 1674, obtint en 1683 une compagnie franche de chevau-légers ; capitaine réformé le 2 décembre 1684, il fut nommé le 20 août 1688 capitaine d'une nouvelle compagnie de cavalerie incorporée dans le régiment commissaire-général. Par contrat du 14 février 1686, il épousa Anne Reynier, demoiselle de la Vergne, et en eut cinq enfants, dont trois l'avaient précédé dans la tombe. Il mourut le 16 mars 1694.

Le troisième fils de François Chapt de Rastignac, appelé Jacques François, fut l'auteur de la branche de Puyguilhem. Le fils aîné et unique de Charles Chapt de Rastignac et d'Anne Reynier, qui porta comme son père le nom de Charles, épousa, par contrat du 25 avril 1724, Marie Jacqueline Éléonore d'Aydie de Ribérac, qui mourut en 1744 après lui avoir donné six enfants, dont le second nous semble mériter une mention spéciale, tant à cause de sa fin déplorable que de son ferme caractère et de son rôle politique.

La *Biographie universelle* lui a consacré l'article suivant :

« Armand Anne Auguste Antoine Sicaire Chapt de Rastignac naquit en 1726 au château de Laxion, dans le Périgord. Il fit sa

licence en Sorbonne avec beaucoup de distinction, prit le bonnet de docteur, devint
abbé de Saint-Mesmin d'Orléans, prévôt de
Saint-Martin de Tours, grand archidiacre
et grand vicaire d'Arles. Député du second
ordre aux assemblées du clergé de 1755 et
de 1760, il vota, dans la première, avec la
majorité, sur la question du refus des sacrements aux adversaires de la bulle *Uni-
genitus*. Dans la dernière, il se distingua
comme membre du bureau de juridiction;
mais une discussion qu'il eut avec le président le fit juger peu propre à l'épiscopat,
dont on cherchait à écarter les sujets qui
ne paraissaient pas assez disposés à se plier
aux vues de la Cour. On lui offrit cependant le petit évêché de Tulle que l'on pen-
sait bien qu'il n'accepterait pas. Député aux

états généraux de 1789, il siégea constamment au côté droit de cette assemblée. Mais,
comme la faiblesse de son organe ne lui
permettait pas de paraître à la tribune, il
se borna à composer plusieurs écrits savants
et solides sur les matières qui y étaient agi-
tées avec tant de chaleur. L'étude qu'il avait
faite, toute sa vie, de la science de son état,
et la connaissance des langues anciennes
qu'il possédait à fond, lui donnaient pour
cela une grande facilité.

» Voici la liste de ses écrits :

» I. *Question sur la propriété des biens
ecclésiastiques en France.* 1789, in-8º.

» II. *Accord de la révélation et de la
raison contre le divorce,* 1794, in-8º, avec

cette épigraphe tirée de Hincmar : « Il faut
que les lois publiques soient chrétiennes
dans un royaume chrétien, » ouvrage plein
de recherches, et où l'auteur prouve l'in-
compétence de l'assemblée nationale en cette
matière. Il y ajouta une discussion curieuse
sur l'usage de la Pologne à cet égard et fit
voir que le divorce n'y est point autorisé
par la puissance ecclésiastique.

» III. *Traduction de la lettre synodale
de Nicolas, patriarche de Constantinople,
à l'empereur Alexis Comnène, sur le pouvoir des empereurs relativement à l'érection des métropoles ecclésiastiques,* avec
de savantes notes, 1790, in-8°.

» Tous ces ouvrages, solidement écrits, font

honneur à l'érudition de l'auteur, à la sa-
gesse de ses principes. Ses mœurs douces,
son caractère honnête, lui avaient acquis
une grande considération dans le clergé.
Le 26 août 1792, il fut enfermé à l'Abbaye,
et fut massacré le 5 septembre suivant. Au
moment où il allait tomber sous le glaive
des assassins, il parut avec l'abbé Lenfant
à la tribune d'une chapelle où beaucoup de
détenus étaient renfermés. « Ils nous annon-
» cèrent, dit M. de Saint-Méard, que notre
» dernière heure approchait, et nous invi-
» tèrent à nous recueillir pour recevoir leur
» bénédiction. Un mouvement électrique nous
» précipita à genoux, et nous la reçûmes
» les mains jointes. L'âge de ces deux vieil-
» lards, leur position au-dessus de nous,
» la mort planant sur nos têtes, tout ré-

» pandait, en cet instant, une teinte auguste
» et lugubre. »

Les quatre frères de *l'abbé de Chapt*,
comme on appelait le martyr de l'Abbaye,
embrassèrent la carrière des armes. Le premier, Jacques Gabriel Louis, continua la
postérité ; il en est parlé plus loin. Le second, Louis Jacques Chapt de Rastignac,
fut reçu chevalier de Malte, le 1ᵉʳ décembre 1748, et mousquetaire du roi, dans la
première compagnie, le 15 du même mois.
Il fut tué en duel à Paris le 31 octobre 1764.
Le troisième, Jean Louis Marie, appelé le
comte de Laxion, fut cornette dans le régiment de Rohan, et périt assassiné par les
frères... à Issoudun, le 13 février 1757. Le
quatrième, Sicaire Auguste Antonin Armand,

appelé *le chevalier de Laxion*, fut lieutenant au régiment de Poitou, infanterie; il
succomba dans un duel, à Revel, en 1791.
Leur sœur, nommée Gabrielle, épousa,
le 24 juillet 1746, Joseph François du Mas,
marquis de Payzat, officier au régiment des
gardes françaises. Elle périt sur l'échafaud
révolutionnaire, le 5 février 1794.

La postérité des marquis de Laxion fut
continuée par Jacques Gabriel Louis Chapt
de Rastignac, fils aîné de Charles deuxième
du nom et de Marie Jacqueline Éléonore
d'Aydie de Riberac. Il servit en qualité de
lieutenant dans le régiment du roi, infanterie. Il fut marié deux fois, la première
avec Gabrielle d'Aydie de Riberac, qui lui
donna deux enfants mâles, morts avant
leur père; la seconde avec Gabrielle Cécile

Marguerite Françoise de Chabans, dont il n'eut point d'enfants. Il mourut à Laxion, le 24 août 1796. En lui s'éteignit la branche de la maison de Chapt de Rastignac, dite branche des marquis de Laxion.

V

CINQUIÈME BRANCHE

DITE

BRANCHE DE PUYGUILHEM.

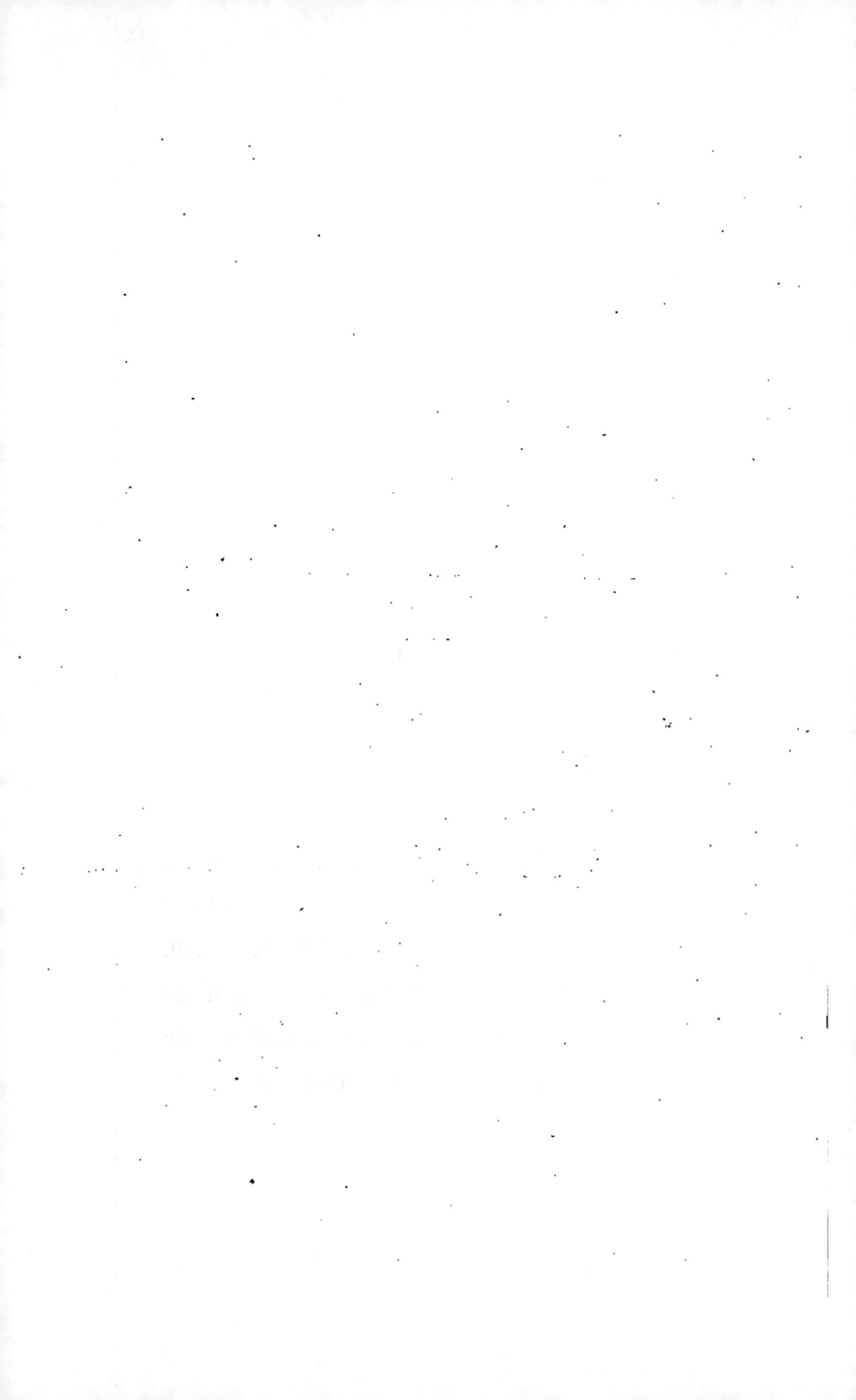

La cinquième branche de la maison de Chapt de Rastignac tire son nom de la terre de Puyguilhem, située dans la commune et paroisse du grand Villards, canton de Champagnac-de-Bel-Air, arrondissement de Nontron (Dordogne). Cette terre vient de la

famille de la Marthonie. Armand de la Marthonie la laissa, par testament du 20 août
1689, à Jacques François Chapt de Rastignac,
troisième fils de François Chapt de Rastignac, marquis de Laxion. Jacques François
est donc l'auteur de la branche dite de Puyguilhem. Il épousa, le 18 décembre 1697,
Marie de Rocquard, veuve d'Armand de la
Marthonie, à la générosité duquel il devait
Puyguilhem. Marie de Rocquard mourut
sans laisser d'enfants. Jacques François se
remaria le 9 avril 1709, avec Françoise Chapt
de Rastignac, dame de Firbeys, fille unique
et seule héritière de Charles Chapt de Rastignac, seigneur de Firbeys ; c'est ainsi, comme
nous l'avons déjà dit, que la branche de
Firbeys se fondit dans celle de Puyguilhem.
Jacques François Chapt de Rastignac mourut

le 16 mai 1733, et laissa de sa seconde femme quatre fils, dont l'aîné, Pierre Louis, né le 3 novembre 1713, continua la postérité.

Pierre Louis Chapt de Rastignac, reçu page de la grande écurie, le 12 décembre 1713, épousa, le 27 mars 1734, demoiselle Suzanne Anne du Lau, dont il eut onze enfants. L'aîné étant mort sans avoir été marié, la postérité fut continuée par Jacques Gabriel Chapt de Rastignac, né le 20 mars 1736.

Jacques Gabriel servit d'abord dans la première compagnie des mousquetaires du roi. Il devint successivement second cornette des chevau-légers de la reine, le 7 décembre 1759, enseigne des gendarmes dauphins-le 20 février 1761, chevalier de Saint-Louis, colonel du régiment de Champagne, infanterie, brigadier le 1er mars 1780, et maréchal

de camp le 1er janvier 1784. Il épousa, en
1767, Angélique Rosalie d'Hautefort, fille
d'Emmanuel Dieudonné d'Hautefort, marquis d'Hautefort, de Surville et de Sar-
celles, comte de Montignac, chevalier des
ordres du roi, maréchal de camp, ambassa-
deur à Vienne, et de Françoise Claire
d'Harcourt, sa seconde femme, fille du
maréchal d'Harcourt. Il en eut plusieurs
enfants.

L'aîné des fils, nommé Pierre Jean Julie,
marquis de Rastignac, naquit à Paris, le
7 juillet 1769. Il était capitaine au régiment
de *Monsieur*, dragons, lorsqu'il émigra en
1791. Rentré en France après le licenciement
de l'armée des princes, il fut nommé président du collége électoral du département du
Lot, le 13 novembre 1809. Le roi le créa

chevalier de Saint-Louis, le 22 août 1814.
Il devint successivement président du collége
électoral du département de la Charente, le
28 août 1816, et de celui du Lot, les 20 août
1817, 12 octobre 1820 et 24 décembre 1823.
Il fut élu membre de la chambre des députés
par ce dernier département, en 1818, et réélu
en 1820. Le roi le créa pair de France,
le 23 décembre 1823. Il épousa Françoise
Charlotte Ernestine de la Rochefoucauld-
Doudeauville, fille d'Ambroise Polycarpe de
la Rochefoucauld, duc de Doudeauville, pair
de France, grand d'Espagne de première
classe, ministre-secrétaire d'État au département de la maison du roi, et chevalier du
Saint-Esprit. Il en eut une fille unique,
Zénaïde Sabine Chapt de Rastignac, mariée
le 10 juin 1817, à François Marie Auguste

Émilien duc de la Rochefoucauld – Lian-
court et de la Rocheguyon.

Son frère, Louis Armand Chapt, comte de
Rastignac, fut auditeur au conseil d'État, et
sous – préfet de l'arrondissement de Ville-
franche (Aveyron). Il décéda sans laisser de
postérité, le 21 janvier 1844.

Un frère des précédents, nommé Hippolyte Chapt de Rastignac, mourut à vingt-qua-
tre ans sans laisser de postérité.

Leur sœur, Aglaé Françoise Emmanuel
Chapt de Rastignac, fut mariée au marquis
de Montagnac–Montagnac.

Le comte Jacques Gabriel Chapt de Rastignac eut un frère portant les mêmes pré-
noms, Jacques Gabriel Chapt, vicomte de
Rastignac, chevalier de Saint-Louis, commandeur des ordres royaux et militaires de

Notre-Dame du Mont-Carmel et de Saint-Lazare de Jérusalem. Il fut nommé colonel en second du régiment royal, infanterie, le 2 juin 1779, et colonel commandant le régiment de Bourgogne, infanterie, en 1788. Promu au grade de maréchal de camp, en 1791, il émigra la même année, et fut retraité, avec le grade de lieutenant général des armées du roi en 1817. Il épousa Judith de Windt, d'une famille hollandaise, dont les ancêtres étaient gouverneurs de l'île Saint-Eustache. Il est mort, dans son hôtel de la rue d'Astorg, sans laisser de postérité.

Le dernier représentant mâle légitime de la maison Chapt de Rastignac a été Anne Charles Parfait Chapt de Rastignac, qui naquit en 1775. Il porta d'abord le titre de comte ; puis après la mort de son frère Armand, il prit le titre de marquis, comme seul et dernier héritier de cette famille.

Après les orages de la Révolution, le comte Charles de Rastignac rejoignit, en Russie, le duc de Richelieu, son cousin germain, et entra au service en qualité de sous-lieutenant. M. de Rastignac passa par tous les grades et obtint enfin celui de général-major.

Rentré en France, en 1814, il prit rang dans l'armée en qualité de maréchal de camp, et servit dans les mousquetaires. Le roi lui conféra la croix de Saint-Louis, le 16 juillet 1814.

M. de Rastignac suivit le roi à Gand, puis, après la rentrée de Sa Majesté, fut nommé chef d'état major de la 1re division de la garde royale, le 6 septembre 1815.

En 1820 et 1822, le comte de Rastignac fut compris parmi les inspecteurs généraux d'infanterie ; en 1823, à la tête d'une brigade d'infanterie du 4ᵉ corps d'armée, sous les ordres du maréchal duc de Conegliano, il fit la campagne d'Espagne ; il fut chargé du blocus d'Hostalrich, qui se rendit à la fin de septembre de la même année. Il se retira en 1830, après le départ du roi.

Le comte de Rastignac avait été successivement décoré des ordres de Saint-Georges, de Saint-Wladimir et de Sainte-Anne de Russie. Le roi lui conféra la croix de Saint-Louis en 1814, et en 1823 le nomma commandeur de la Légion d'honneur.

Le comte de Rastignac avait été également ment décoré de l'ordre du Mont-Carmel de

Sardaigne, ainsi que des ordres de Saint-Maurice et de Saint-Lazare, de l'Épée de Suède et de Saint-Ferdinand d'Espagne.

En 1821, il fut nommé gentilhomme de la chambre du roi.

Le comte, depuis marquis de Rastignac, a épousé, en 1827, Aymardine Marie Léontine Angélique de Nicolaÿ, fille de Aymard Marie François Chrétien, comte de Nicolaÿ, et de dame Alexandrine Charlotte Marie de Malon de Bercy.

Depuis sa retraite, en 1830, il consacra sa vie au soin des pauvres, et jusqu'à sa mort, arrivée le 6 février 1858, il est demeuré fidèle à la devise de sa maison, *in Domino confido.*

Le marquis et la marquise de Rastignac

n'ayant pas eu d'enfants, les branches légitimes de cette famille n'ont plus d'autres
représentants que Mme la marquise de Rastignac, dont nous avons parlé, et Mme la
duchesse de Larochefoucaud.

LES ARMES DES RASTIGNAC SONT:

D'AZUR, A UN LION D'ARGENT,
ARMÉ, LAMPASSÉ ET COURONNÉ D'OR.

———◇◆◇———

LES NICOLAY PORTENT:

D'AZUR, AU LÉVRIER COURANT
EN FASCE D'ARGENT
ACCOLLÉ ET BOUCLÉ D'OR.

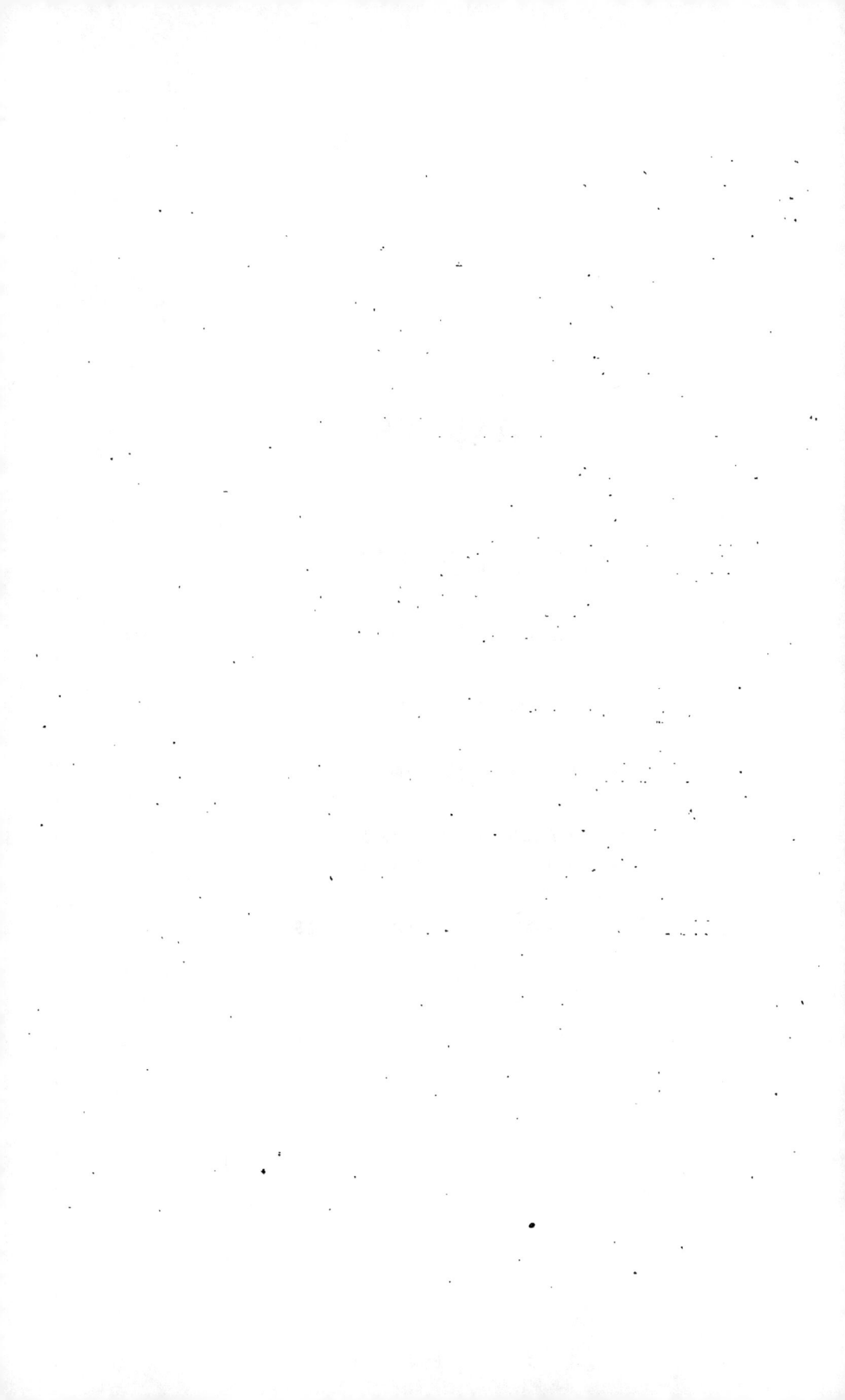

CHARTES

DE

L'ABBAYE DE L'ESTERP

EN LIMOUSIN

FONDÉE PAR

JOURDAIN, FILS D'ABON CAT-ARMAT

PREMIER AUTEUR CONNU
DES ANCIENS SIRES DE CHABANNOIS
ET DE CONFOLANT,
TIGE DE LA MAISON DE CHAPT DE RASTIGNAC.

I

VERS L'AN 980.

Fondation de l'abbaye de l'Esterp par Jourdain Ier.

Æcclesie Sancte fideli devotione subvenire, ejusque utilitatibus pio amore concurrere justarum est mentium, quia exinde
celestium gaudiorum credunt percipere por-

tionem. Igitur dum vivimus, movemur et sumus, considerare debemus quia de terra sumus, et in terram ibimus. Proinde ego *Jordanus filius Abonis et uxor mea Dia,* considerantes immensa peccatorum nostrorum pondera, simulque pertimentes ultimi judicii diem in qua unusquisque pro id quod gessit redditurus est rationem, cogitare cepimus quod pium rectumque erat *una cum assensu infantum nostrorum videlicet Jordani, atque Bosonis, sive Ainardi, simulque Rainaldi Karrofensis Abbatis,* prout remedio animarum nostrarum, necnon et prefatorum filiorum nostrorum seu etiam parentum nostrorum, ut Dominus veniam nostrorum peccaminum nobis indulgere dignetur, de rebus nostre proprietatis ad sacram et matricem Sedem Apostolicam sanctissimi Petri, Apostolorum Principis, ubi corpus ejus carissimum requiescit, dedimus, donatumque in perpetuum esse volumus *mansum cum Capella que vocatur Stirpis*, cum decima et omnibus ad se pertinentibus, ubi Monasterium construimus ad nomen et gloriam Sancte et individue Trinitatis, et memoriam ipsius Sancti Petri, de rebus nostre proprietatis, ubi habitet clerus et populus, ab omni nostro servitio et omnium heredum ac proheredum nostrorum liber et absolutus, tantummodo subjectus sit Romano Pontifici, et Rectoribus hujus loci, et clero sibi comisso, et successoribus eorum in perpetuum. Et quia permaximum opus cepimus et ad peragendum difficile, sed apud Dominum acceptabile, concedimus et *nostris proceribus atque militibus* et omnibus utriusque sexus qui quid unquam in hac erump-

7

nosa terra per nos possident in ereditatem
salutiferam animarum suarum, quicquid ex
eis ipsi supradicto Monasterio Stirpis dede-
rint in Ecclesiis vel decimis, et terris cultis
aut incultis, pratis, silvis, vineis, aquis, aquarumve decursibus, previis et exitibus et servis, et ancillis, Monasterio et Rectoribus et
Clero ibi comorantibus, ut habeant ea perpetuo jure, nullo nostro contradicente herede
aut successore, cedimus, et de nostro jure et
dominatione in jus et potestatem Sancti Petri,
Apostolorum Principis, in spetiales usus Ab-
batum atque Rectorum, cum sibi subjectis
Canonicis, transfundimus; quibus statuimus
ut reddant per singulos annos in censum
v solidos ipsi Ecclesie Romane Sancti Petri
et domno Pape pro salute nostra et tuicione
sua.

II

VERS L'AN 990.

Donation faite au même monastère par Jourdain II,
sire de Chabanois et ses deux frères, enfants du fon-
dateur.

Ecclesiæ Sanctæ fideli devotione subvenire
ejusque utilitatibus pio amore concurrere justarum est mentium, quia exinde cælestium
gaudiorum credunt percipere portionem. Igi-

tur dum vivimus, movemus et sumus, considerare debemus quia de terra sumus, et in
terram ibimus. Proinde *ego Jordanus, et Rai-*
naldus, Abbas Karrofensis, frater meus, nec-
non et Ayriardus Monachus, frater noster,
nos simul considerantes inmensa peccatorum
nostrorum pondera, simulque pertremescen-
tes ultimi judi̱tii diem, in qua unusquisque
pro id quod gessit redditurus est rationem,
coitare cœpimus quod pium rectumque erat
una cum assensu Seniorum nostrorum, videlicet GUILELMO (*sic*) atque Aldeberto (*sic*) Co-
mit*is* (*sic*) nost*ris* (*sic*), *atque nepotum nos-*
*trorum, id est J ordan*o (*sic*), *atque Rotber-*
*t*o (*sic*), *sive Hicteri*o (*sic*), *ut pro remedio*
*animæ nostre necnon et pat*r*i* (*sic*) *nos-*
tr̲o (*sic*) *Jordan*o (*sic*)*, et genitricis nostræ*
*Diæ atque f*rat*ri* (*sic*) *nostri Bosoni* (*sic*),

sive etiam aliorum parent*orum* (*sic*) nostro-rum, ut pius Dominus nostrorum peccami-num nobis indulgentiam donare dignetur, de rebus nostræ proprietatis ad cœnobium Sancti Petri in suburbio Urbis Rome, Sedis Aposto-lice, *qui vocatur ad Stirpo*, in speciales usus Chanonicorum ibidem Domino famulantium damus, donatumque in perpetuum videlicet, inprimis, unam Æcclesiam cum curt*em* (*sic*) sitam in Pago Bituricensium in vicaria de ipsa curte. Et vocatur ipsa Ecclesia Tanac. Totum et abintegrum quicquid videtur ad ipsam pertinere Deo et Sancto Petro semper damus. Et in Limovicensi una alia Æcclesia, qui (*sic*) vocatur Cavannaco similiter cum curte sua. Item in Limovicino alia Æcclesia de Sancti Albini. Item alia in Limovicino de Sancto Marco cum appenditiis suis. Item una curte

in Limovicino qui (*sic*) vocatur Friolosa. Item
alia qui (*sic*) vocatur Taisas. Item super Dor-
nonia Fluvium alia qui dicitur Saviniaco. Et
in Parrochia Sancti Mauricii curte qui (*sic*)
dicitur Cellas. Et super........ Fluvium, alia
qui (*sic*) dicitur Voluez. Iterum alia curte Al-
fano cu'om'a (*sic*). In villa de Casanoli mansos II. Et in villa Gavalia III mansos. In villa
Flava et Æcclesia cum II mansis. Et Pairans
villa III mansi et vocatur unus Valzella. Et
totum alodum de Pogio Bertino cum servis.
Et villa Monteboeni cum III mansis. Super
Exidolio III mansi; et Mustriges villa sunt
II mansi. Etque Bovilla sunt IIII mansi cum
appenditiis suis. Maisima Covilla et sunt III
mansi. A Tromat II mansi et una bordaria. A
Monte bovi III mansi et II bordarias. A la Jon-
caria I mansum qui est de alodo Monteboeni.

A Segonzac III mansi. In villa de Bernart
I mansum cum suis servis et cum vineis et
cum duobus molendinis in una mansione.
Item totum boscum de Cailoc, A Carrof (*sic*) IIII
junctos de vineis. Ad Ardenc I mansum. A
Cassanoli una bordaria. A Petraficta IIII^or
junctis de vineis in forzes. Hæc supra dicta,
de nostro jure et dominatione, in jus et potes-
tate Sancti Petri in speciales usus Canonicorum transfundimus, cum terris cultis et incultis, pratis, pascuis, aquis, aquarumve decursibus, mobilibus et immobilibus, previis et
exitibus, et quicquid est quesitum et adinquirendum, cum mancipiis et cum omnia (*sic*) que
ad ipsas res pertinent; cum tali tenore ut, dum
vixero, ego Jordanus teneam ista omnia supra
nominata extra curte de Tannac. Et ad missam
Sancti Petri quid (*sic*) est III Kal' Jul' reddam

censum fratribus de Sancto Petro x solidos. Et
post mortem meam totum et abintegrum sit
ad ipsum locum, nullo contradicente. Si autem
habuero infantem de uxore mea, ille infans
teneat hoc, dum vixerit, ad ipsum censum. Si
autem fuerit aliquis ex heredibus ac prohere-
dibus nostris seu aliqua emissa persona qui
contra hanc donationem, que pro remedio anime nostre vel parent*orum* (*sic*) nostrorum Deo
et Sancto Pietro fecimus, venire aut colibet
modo inquietare vel infringere voluerit, iram
piissimi Domini nostri Jh'u Xp'i atque Sancti
Petri necnon et omnium Sanctorum offensam
incurrat, nisi quantotius (*sic*) resipuerit, et
quod juste pertulerit cum digna satisfactione
emendare studuerit; et cum Juda, Simone et
Nerone, Datan quoque et Abiron maledictionis
suæ meritis exigentibus sententiam accipiat,

cum quibus cruciatus perpetuo in flammis ul-
tricibus sine fine torqueatur, quia ausus fuit
divinum timorem postponere pro cupiditate
terrena. Ut autem hæc donatio a nostertius (*sic*)
facta esse credatur et in reliquum inviolabili-
ter conservetur, ego Jordanus et fratres mei
prescripti propria manu firmavimus, necnon
et parentum nostrorum atque aliorum bono-
rum virorum manibus propriis corroborari
decrevimus. Signum Jordano (*sic*) qui hoc
preceptum fieri rogavit. Signum Rainaldo (*sic*)
Abbate (*sic*). Signum Aynardo (*sic*) Mona-
cho (*sic*). Signum Bosoni (*sic*). Et insuper
totum alodum Gasfredo clerico post obitum
ejus. Excepto duos mansos quos retinuit
causa sepulture. Factum est præceptum hoc
in mense Marcio, regnante Huguono (*sic*)
Rege.

7*

III

Autre donation faite à l'abbaye de l'Esterp du temps
de l'abbé Foucher et de Jourdain IV, sire de Chabanois [1].

Sive redditionem quam cum consilio et auc-
toritate ac precepto *domni Jordani* perago
pro remedio anime mee vel parentum meorum qui hec injuste tenuerunt, Deo et Sancto

[1] Suite d'une liste dont le commencement est perdu.

Petro Stirpensis Ecclesie, in manu supradicti
Abbatis quolibet, modo inquietare vel infringere temptaverit, iram piissimi omnipotentis
Domini nostri Jh'u Xp'i et Sancti Petri, Apostolorum Principis, incurrat offensam, et cum
Juda proditore, Symone, Dathan et Abyron,
et cum diabolo et angelis ejus fit pars ejus nisi
quantotius resipuerit et quod injuste abstulerit cum digna satisfactione emendare studuerit, quia non do aliquid Sancto Petro, sed res
suas reddo ei aut dimitto, et similiter dimitto
ei omnes consuetudines quas habebam in silva,
et precipue avenam et apes que invente erant
mee, et omnes consuetudines quas habebam in
tota supradicta curte Friolosa, et etiam filicem
et genestos.

Hanc cartam in presentia domni Fulcherii
Abbatis, et Bernardi, Prioris, Aimerici, Prepo-

siti, Johannis, Constantii, et omnium fratrum,.
in Capitulo, Ego ipse Amelius firmavi, firmam
atque legitimam in perpetuum esse sancivi.

IV

Autres donations faites au même monastère sous le même abbé Foucher et sous l'abbé Ranulfe.

Vuillelmus Calvi dedit Sancto Petro mansum qui est *ultra pontem Confluentis*, in quo est domus elemosinatia, pro placito Aimerici Darnac et pro anniversario suo et uxoris sue.

Abbate Fulcherio hoc donum recipiente cum
Canonicis suis. Hunc eundem mansum dedit
Sancto Petro Ricardus Fors bandit (*sic*), recipiente Johanne de Manoc cum multis qui ad-
fuerunt; et habuit inde precium c. sol' et uxor
sua unam untiam auri. Stephanus de P'isac
concedens hoc fecit de eodem placitum cum
Abbate Fulcherio et cum suis, et habuit inde
c sol'. Acomodavit quoque eidem Stephano
ɪ sol' pro pisca scluse. Hic Stephanus Abbati
Rannulfo postea in infirmitate sua convenit
se omnes querelas hujus mansi emendare, au-
dientibus Conio Sancti Germani, et Willelmo
de Bordas, et Willelmo Monaco de Manauc et
multis aliis. Goffridus etiam de P'issac, frater
Stephani, concessit hoc quod habebat in Ecclesia Sancti Quintini Sancto Petro, et filium
suum Rannulfum ut fieret Canonicus, quem

mater Stephana reddidit huic altario, ut pater precepit. Itaque Rannulfus et Jordanus et Borellus fratres et mater, ut pater concessit, concesserunt totum placitum supradicti mansi. Quorum concessionibus et attestationibus Landricus, Canonicus noster, fuit investitus bonis exeuntibus de manso.

V

Dénombrement de diverses autres donations faites au
même monastère sous le même abbé Foucher. Il y en
a une de Jourdain IV, sire de Chabanois, fils d'Ai-
nard, et une autre d'Aimeri *Catus de Faneis*, c'est-à-
dire Chat-de-Feyne qui est le nom d'un fief contigu à
la terre de Lage-au-Chat, dont il a été démembré,
terre possédée de toute antiquité par les auteurs de la
maison de Chapt de Rastignac.

Ego Gautfridus dedi Sancto Petro Stirpensis
Ecclesie meum alodium quem habebam a Ver-
net, id est alpoi (*sic*) in presentia domni Fulche-

rii Abbatis, quem postea abstulit Ugo. Sed
cognoscens culpam suam, dimisit eum alodium in presencia ejusdem Abbatis et fratrum,
secundum regulam Sancti Augustini in pre-
dicta Ecclesia degentium, super altare qui est
in Vicaria Sancti Germani in Parrochia de
Azac, et dividit cum terra Willelmi; quem
predictum alodium supra dictus Abbas michi
Ugoni commisit in penitentia, ad operandum
et elaborandum, ut post obitum meum rema-
neat cum ipso labore et edificatione ipsi Stirpensi Ecclesie et fratribus. S. Bernardi.
S. Constantii. S. Aimirici.

Ego *Jordanus filius Ainardi* dono Deo et
Sancto Petro et Ecclesie Stirpensi decimam
omnium rerum in duobus mansis qui sunt a
la Garda in villa que vocatur Lamnac, in manu
domni Fulcherii Abbatis, et ipse Abbas dedit

cccc. S. Johannis. S. Petri. S. Unberti. S. Geraldi, et aliorum populorum.

Ego in Dei nomine Guido dono Ecclesie Stirpensi et fratribus Ecclesiam Sancti Felicis, que est ultra Castrum Cofolent in via Karrofensi, in manu Fulcherii, quam dederant Petrus et D'd frater ejus, et Ugo de Rairac. S. Ausberti. S. Aimirici. S. Gautfredi et aliorum multorum.

Ego in Dei nomine Osbertus dono terram de Relamnac pro sepultura Amelii fratris mei Ecclesie Stirpensi, et in manso xii. S. Fulcherii. S. Constantii. S. Petri. S. Arnulfi et multorum.

Ego Walterius dono Deo et Sancto Petro Stirpensi et fratribus ejusdem loci, in alodio de Rua in manso de Castellar iiii sextarios frumenti, pro anniversario et sepultura per omnes annos in estivo tempore in perpetuum, et in bosco de Paulac, qui est juxta boscum Sancti Petri, x ut fiant LX. S. Unberti. S. Constantii. S. Bernardi.

Ego AIMIRICUS DE FANEIS et Petrus dimittimus bordariam de Rigado in Ecclesia Stirpensi, quam abstulæramus, et ideo Abbas jam dictus dedit x. S. Fulcherii. S. Arnulfi. S. Zesceli.

Ego Gauzfridus, pro anima mea, do Sancto Petro et Ecclesie Stirpensi unum mansum ad Volvet, in presentia *domni Jordani*, et dividit cum altero manso ejusdem Ecclesie Stirpensis. S. David. S. Wilelmi. Et ipsum mansum *cum consilio Jordani* dedit mater sua eidem Ecclesie in manu domni Fulcherii, et dedit ei x. S. Unberti. S. Widonis. S. Aimirici.

Ego Willelmus de Sancto Marco et Stepha-

nus frater meus dimittimus et donamus Sancto
Petro Stirpensis Ecclesie Ecclesiam Sancti
Marcii de Frumiger cum appendiciis suis, in
manu Johannis Sacerdotis, videlicet omnes
terras que ad altare ejusdem Sancti Martii
pertinent, et omnia, excepta majori decima.
S. Jubilini. S. Guidonis. S. Unbaldi. S. Geraldi. Ex eadem Ecclesia eodem modo dimisi
medietatem ego Guillelmus de Gannac in
manu supra dicti Johannis eidem Ecclesie
Stirpensi ac donavi, et postea confirmavi in
manu domni Fulcherii.

Ego Geraldus, cognomento Blanchet, facio
donum et convenientiam et ordinationem de
tota mea substantia, hoc est de terris et de
vineis, et de alia pecunia mea, Deo et Sancto
Petro Stirpensi et beato Galterio domno meo,
quia ab ipso et per ipsum habui et adquisivi

omnia mea bona que hodie possideo. Et prop-
ter hoc facio istud donum et istum conventum
in vita mea, in manu scilicet domni Fulcherii
Abbatis et in presentia Capituli Stirpensis, ut
ipsi permittant michi tenere et possidere in
antea omnia illa que hodie teneo et possideo,
et ea similiter que in antea adquirere potuero,
hoc est ut habeam et teneam totum in vita mea
de domno Fulcherio Abbate et de successoribus suis in pace, sine censu et sine aliquo
servitio nisi ego ipse facere voluero, tali videlicet convenientia, ut post mortem meam totas
meas terras et vineas et alia omnia que habuero, habeat et possideat Stirpensis Ecclesia,
et beatus Galterius domnus meus et Canonici
sui in pace, sine ulla calumpnia, quia neque
uxorem neque filios unquam me habere ad-
tendo. Factum est hoc placitum in manu
domni Fulcherii Abbatis in Capitulo.

VI

Donation faite à l'abbaye de l'Esterp par Jourdain V, sire de Chabanois, dans laquelle *Abon Cat* paroît au nombre des témoins qui y souscrivent.

Æcclesie Sancte fideli devotione subvenire ejusque utilitatibus pio amore concurrere justarum est mentium, quia exinde celestium

8

gaudiorum credunt percipere portionem ;
maximeque illis locis in quibus Regulares Canonici degunt aut Mónachi. Igitur dum vivimus, movemur et sumus, considerare debemus quia in diem juditii reddituri sumus
rationem de propriis factis, et ibi Xp'c judex
noster districte judicans redditurus est uni-
cuique prout gessit, sive bonum sive malum.
Proinde ego *Jordanus, filius Jordani filii Ainardi*, considerans immensa peccatorum meorum pondera seu etiam parentum meorum, ut
pius Dominus veniam nostrorum peccaminum
nobis indulgère dignetur, de rebus mee proprietatis ad cenobium Sancti Petri Stirpensis,
quod domnus Fulcherius regit secundum regulam Apostolorum et Sanctissimi Patris Augustini canonice, ad communem multorum
utilitatem in suburbio Lemovice Sedis, in spetiales usus Regularium Canonicorum ibidem

Deo famulantium, do donatumque in perpetuum esse, videlicet, mansum situm in pago
Lemovicensi *in Vicaria Cabanensi* in Parrochia Sancti Johannis de Cassanon, scilicet
mansum de la Poaida pro manso quem ordinavit michi pater meus dare, pro animabus
nostris et parentum nostrorum, *quando perrexit Jerosolimis* et dividit.

Hunc supra dictum mansum, de nostro jure
et dominatione, in jus et potestatem Sancti
Petri Stirpensis Æcclesie et Fulcherii Abbatis,
cum sibi subjectis Canonicis, transfundo quicquid est aqquisitum et aqquirendum. Si autem fuerit aliquis ex heredibus ac proheredi-
bus nostris, seu etiam aliqua emissa persona
que contra hanc donationem, quam pro remedio animarum nostrarum vel parentum nostrorum Deo et Sancto Petro fecimus, venire aut
quolibet modo inquietare vel infringere temp-

taverit, iram piissimi Domini nostri Jh'u Xp'i
atque Sancti Petri necnon et Sanctorum omnium incurrat offensam, nisi quantotius resipuerit et quod injuste abstulerit cum digna
satisfactione emendare studuerit. † Ego Jordanus hanc crucem propria manu subscripsi.
· Cum hoc manso·dono curtem de Friu-
losa quam ordinaverat *attavus meus Jorda-*
nus, filius Jordani et uxoris ejus Die, et de
meo jure et dominatione in jus et potestatem
Sancti Petri, in spetiales usus Regularium
Canonicorum, videlicet Abbatis Fulcherii, cum
suis sibi subjectis Clericis, transfundimus,
cum terris cultis et incultis, pratis, pascuis,
aquis, aquarumve decursibus, mobilibus et
immobilibus, perviis et exitibus et quicquid
est quesitum et adinquirendum. Et si fuerit
aliquis exheredibus, ut supra. S. Vgo, S. Gauzfridus, S. Wilelmus, *S. Abo.* S. Aimericus.

VII

Notice généalogique des anciens sires de Chabanois et
de Confolant.

Abo Cat Armat genuit Jordanum, qui fun-
davit Stirpense Monasterium cum Dia uxore
sua, èt genuit ex ea IIII filios, Raginaldum Ab-
batem Karrofensem, et Ainardum Monachum
Montis Cassini, et Bosonem, et Jordanum
qui supradicto cenobio multas ordinavit ter-

ras et Æcclesias, qui accepit uxorem et genuit
ex ea filium nomine Jordanum, et postea in-
terfectus est ad Sanctum Junianum, et puer
Jordanus, filius, ejus, miles effectus, accepit
uxorem . . . . ex qua genuit filios Ainardum et Jordanum cognomento Eschivat, et
postea obiit ad oppidum Casech. Ainardus genuit Jordanum ex Barrel, qui perrexit Jhero-
solimis et reliquit filium nomine Jordanum,
qui hoc donum fecit, et ex alia uxore duos
pueros, Ainardum et Bosonem. Jordanus genuit Eschivat, qui genuit Ameliam, uxorem
Will'mi de Mastat ex filia Comitisse Marchie.

Tempore *Jordani Eschivati*, cum cepisset
Castellum Confluencii excrescere, nec haberetur ibi cimiterium, sed corpora defunctorum
alia deferrentur ad Sanctum Mauricium ad
sepeliendum, alia ad alia loca, voluit *Prin-
ceps dictus* ibi cimiterium benedici, Eccle-

siamque construi novam, sub jure atque dicione Monachorum Carrofensium. Quo audito,
beatus Walterius et Canonici Stirpenses huic
rei calumniam intulerunt, ratiocinantes se
prius inde habuisse donum. Eorum itaque rec-
titudine cognita et concessa, edificaverunt, si-
cut dictum fuerat, ibi Ecclesiam novam, et
fecerunt cimiterium benedici, imponentes Ca-
pellanum nomine Petrum, sibique libros ac
vestimenta amministrantes. Sed quia in Parrochia Sancti Mauricii Ecclesiola illa constructa
esse videbatur, non cessavit Stephanus Cleri-
cus, sub dicione cujus fuerat Ecclesia Sancti
Mauricii, calumniari Ecclesiam illam Sancti
Michælis noviter constructam, usquequo Cle-
rici Stirpenses, qui eam fecerant, communica-
verunt eam sibi in omnibus. Convenit autem
tali modo, inter eos, ut communes haberentur

oblationes, communis haberetur sepultura, et cetera Ecclesiæ pertinentia ; si quando vero excresceret viculus extra portam in qua parte fundata fuerat, haberetur Parrochiali illi Ecclesie. Fuit quoque conventio ut Sacerdos Sancti Mauricii haberet suam medietatem de Canonicis Stirpensibus.

D. O. M.

Hic jacent mortales exuviæ
Illustrissimi ac Reverendissimi in Christo Patris
LUDOVICI JACOBI DE CHAPT DE RASTIGNAC,
Archiepiscopi Turonensis,
Regiorum Ordinum Commendatoris,
Qui claro apud Petrocorienses genere ortus,
Erecto ac sublimi ingenio,
Mirâ quâdam sentiendi, dicendi, agendi nobilitate,
Morum integritate,
Æquabili virtutum tenore venerandus,
Civis, Amicus, Doctor, Sacerdos eximius,
Christianæ Fidei assertor,
Acer, pervigil, Veri patiens, Recti tenax,
Cum dignitate facilis, citra austeritatem gravis,
In pauperes pie prodigus,
Effusæ in alios benignitatis ;
Tum demum felix cum felices efficeret,
Cleri Gallicani, cujus Comitiis ter Præfuit, vox et decus,
Omnium Ordinum amor,
Commissum sibi gregem, inquietis temporibus pacifice
Rexit annis XXVII,
Obiit, incredibili omnium luctu, die III. Augusti M.DCC.L.
Ætatis suæ LXV.
Sancta Ecclesia turonensis amantissimo patri cum lacrymis
Fidei gaudio temperatis, Monumentum
Hoc pietatis suæ modicum, mansurumque
PONI CURAVIT.

ÉTAT DE LA MAISON

CHAPT DE RASTIGNAC

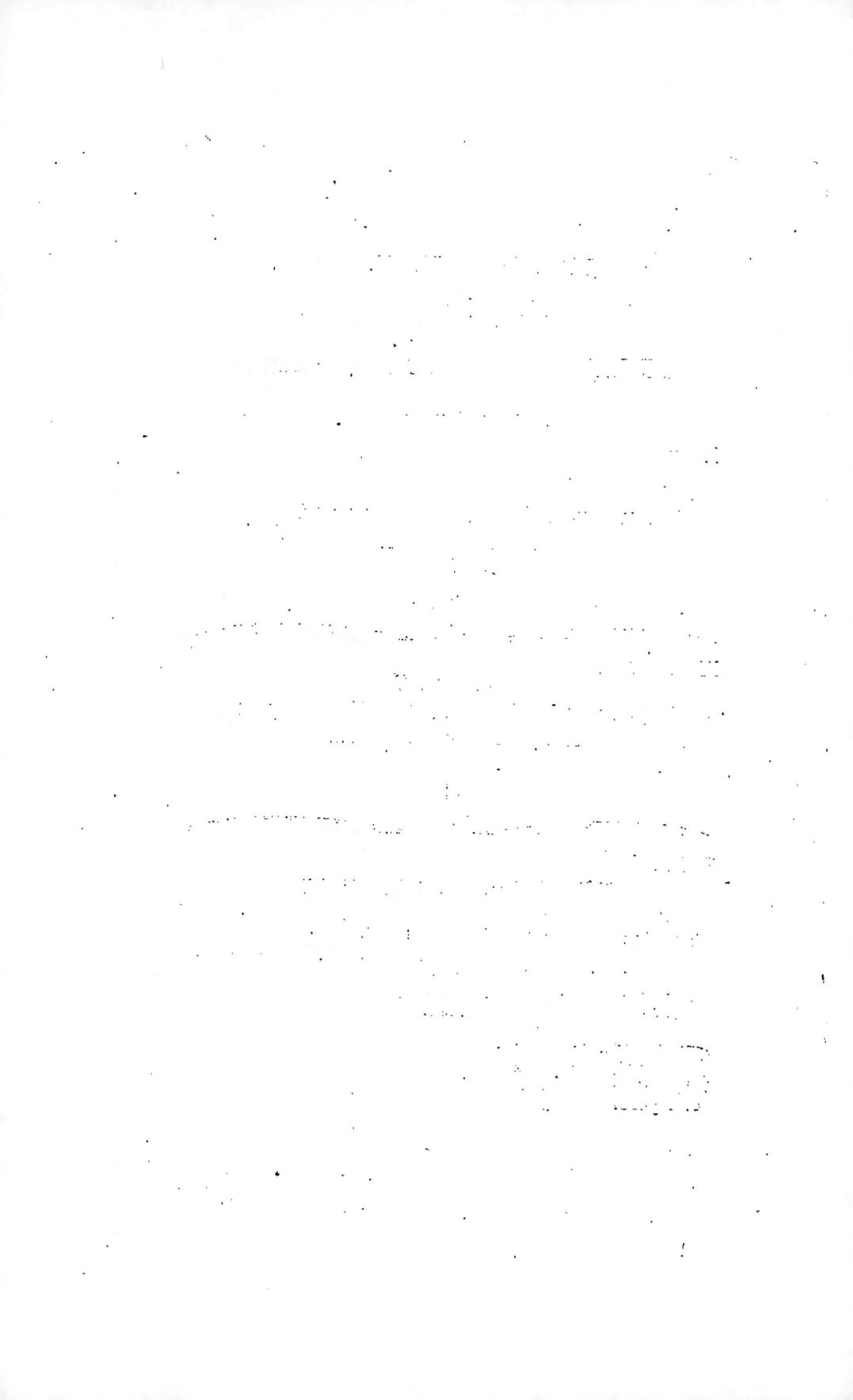

PREMIÈRE BRANCHE

DITE DES SEIGNEURS

DE LAGE-AU-CHAT ou LA JONCHAT

ORIGINE :

ABON CAT,
Rameau des anciens Sires-Princes DE CHABANAIS,
vivant avant 1093.

IXᵉ DEGRÉ

JEAN CHAPT,
Seigneur de LAGE-AU-CHAT et de MANSAC, épousa
Marguerite DE LA GRELIÈRE.

Xᵉ DEGRÉ :

EXTINCTION DANS LES MALES.

1.	2.	3.	4.	5.
Antoine CHAPT, mort avant le 28 avril 1526.	Pierre CHAPT, vivant en 1482.	Bertrand CHAPT, mort avant le 28 avril 1526.	Jeanne CHAPT.	Marie CHAPT.
N. CHAPT, morte avant son père.	Isabeau CHAPT.			

DEUXIÈME BRANCHE

DITE DES SEIGNEURS

DE RASTIGNAC

—

Origine :

JEAN CHAPT,

Fils de Guichard CHAPT, deuxième du nom,
épousa l'héritière
des terres de JALHÈS et de RASTIGNAC.

État en 1748 :

ARMAND HIPPOLYTE GABRIEL CHAPT,
appelé le vicomte de RASTIGNAC, épousa le 22 janvier 1722
Françoise FOUCAUD.

Extinction :

1.	2.
JACQUES JEAN CHAPT, marquis de RASTIGNAC, né le 24 septembre 1728, mort le 13 avril 1783.	MARIE ANNE PÉTRONILLE CHAPT DE RASTIGNAC, née le 1er septembre 1729, morte le 8 janvier 1817.

TROISIÈME BRANCHE

DITE DES SEIGNEURS

DE LAXION et DE FIRBEYS

Origine :

PEYROT ou **PERROT CHAPT DE RASTIGNAC,**
Troisième fils d'Adrien Chapt,

Seigneur de Rastignac, et de Jeanne d'Hautefort,
épousa le 27 août 1599, sa cousine,
Marguerite Chapt de Rastignac , dame de Laxion.

Extinction :

Françoise **CHAPT DE RASTIGNAC,**
Dame de Firbeys,
épousa le 9 avril 1709,
Jacques François Chapt de Rastignac, sieur de Puyguilhem,
son parent.
Ainsi se fondirent les deux branches.

QUATRIÈME BRANCHE

DITE DES MARQUIS

DE LAXION

—

ORIGINE :

FRANÇOIS CHAPT DE RASTIGNAC,
Troisième fils de PERROT, épousa le 14 février 1643,
Jeanne d'HAUTEFORT.

ÉTAT EN 1748 :

JACQUES GABRIEL LOUIS CHAPT DE RASTIGNAC,
épousa le 30 janvier 1746, Gabrielle d'AYDIE DE RIBÉRAC,
et en secondes noces,
Gabrielle Cécile Marguerite Françoise de CHABANS;
mourut le 24 août 1796.

EXTINCTION :

1.	2.
HENRI GABRIEL CHARLES CHAPT DE RASTIGNAC, né le 12 août 1747, mort avant son père, sans postérité.	CHARLES ANTOINE CHAPT DE RASTIGNAC, né le 30 juillet 1748, mort aussi avant son père, sans postérité.

CINQUIÈME BRANCHE

JACQUES FRANÇOIS CHAPT DE RASTIGNAC,

Troisième fils de François CHAPT DE RASTIGNAC, épousa 1° Marie de Mocquard, dont il n'eut pas d'enfants ; 2° Françoise Chapt de Rastignac, dame de Firbeya, le 9 avril 1709.

1.	2.	3.	4.
Pierre Louis Chapt de Rastignac, né le 5 novembre 1715, épousa, le 27 mars 1754, demoiselle Suzanne Anne Du Lau.	Jacques Louis Chapt de Rastignac, né le 15 novembre 1714, mort sans postérité.	Pierre Jean Chapt de Rastignac, né le 16 janvier 1716, mort sans postérité.	Charles François Chapt de Rastignac, né en juillet 1726, mort sans postérité.

1.	2.	3.	4.	5.	6.	7.	8.	9.	10.	11.
Jean Armand Chapt de Rastignac, mort sans postérité avant 1748.	Jacques Gabriel Chapt de Rastignac, épousa Angélique Rosalie d'Hautefort.	Louis Chapt de Rastignac, mort sans postérité avant 1748.	Jean Louis Madeleine Chapt de Rastignac, mort sans postérité avant 1748.	Pierre Louis Chapt de Rastignac, mort sans postérité avant 1748.	Jacques Gabriel Chapt de Rastignac, mort sans postérité après 1817.	Louise Jacquette Sybille Marie Chapt de Rastignac, morte avant 1748.	Françoise Henriette Chapt de Rastignac, morte avant 1748.	Marie Sybille Chapt do Rastignac, morte avant 1775.	Jeanne Charlotte Chapt de Rastignac, mariée en 1775 au marquis de Touchembert.	Anne Chapt de Rastignac, morte avant 1775.

1.	2.	3.	4.	5.
Pierre Jean Julie Chapt de Rastignac, né le 7 juillet 1709, épousa Mlle Françoise Charlotte Ernestine de La Rochefoucauld de Doudeauville.	Louis Armand Chapt, comte de Rastignac, mort le 21 janvier 1844 sans postérité.	Anne Charles Parfait Chapt de Rastignac, a épousé, le 20 mars 1827, Mlle Aymardine Marie Léontine Angélique de Nicolaÿ, mort le 6 février 1858.	Alexandre Hippolyte Camille Chapt de Rastignac, mort à vingt-quatre ans, sans postérité.	Aglaé Françoise Emmanuel Chapt de Rastignac, mariée au marquis de Montagnac Montagnac.

1.
Zénaïde Sabine Chapt de Rastignac, mariée le 10 juin 1817 à François Marie Auguste Emilien, duc de Larochefoucauld, de Liancourt et de La Rocheguyon.

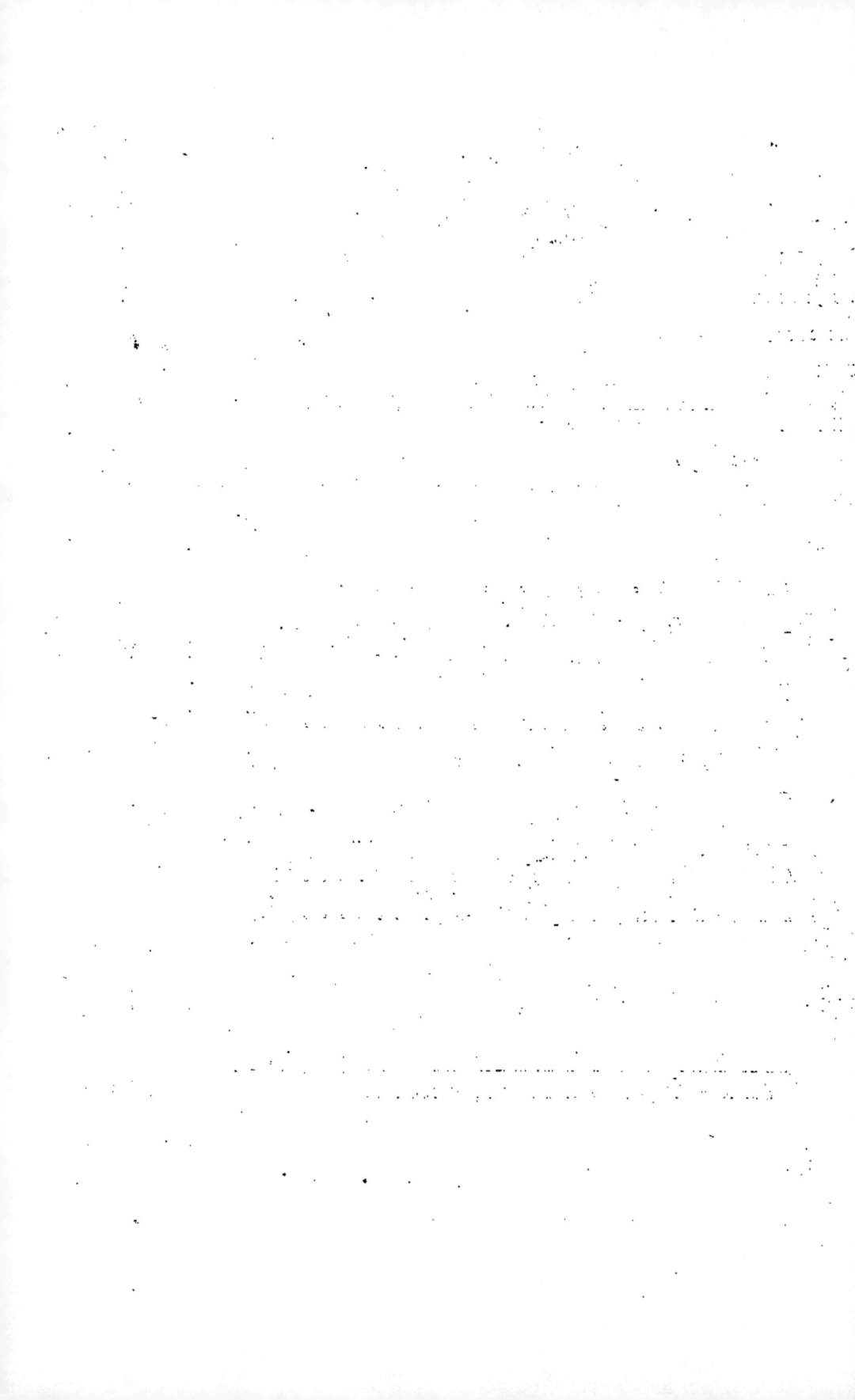

TABLE DES MATIÈRES

———◇⊂●⊃◇———

Paris. — Imp. A. WITTERSHEIM, 8, rue Montmorency.

JUGEMENT

RENDU

**En la première chambre du Tribunal civil
de première instance de la Seine**

LE 10 FÉVRIER 1860.

———

Entre :

1° M. Antoine Chapt, comte de Rastignac-Messilhac, général de brigade, officier de la Légion-
d'Honneur, commandeur et chevalier de plusieurs ordres étrangers, demeurant à Castel-
Noël, près le mur de Barrez (Aveyron);

2° M. Edouard-Raymond Chapt, vicomte de
Rastignac-Messilhac, propriétaire, demeurant
également à Castel-Noël;

Demandeurs comparants par Mᵉ Du Teil, avocat, assisté de Mᵉ Parmentier, avoué;

Et 1° M. Jacques-Joseph Chirol de Labrousse,
chevalier de la Légion-d'Honneur, président du

Tribunal civil de première instance d'Ambert (Puy-de-Dôme), y demeurant;

2° M. Camille-Gilbert Chirol, juge de Paix du canton ouest de Riom (Puy-de-Dôme), y demeurant;

3° M. Nicolas-Jules-Étienne Chirol, ancien inspecteur chef du service de l'Enregistrement à l'île de la Réunion, actuellement conservateur du bureau des hypothèques à Épernay, y demeurant;

4° Madame Pauline Chirol de Labrousse, veuve de M. Marie-Louis-Hippolyte de Loisel, décédé, capitaine au 16e régiment d'infanterie légère, chevalier de la Légion-d'Honneur, demeurant ladite dame à Clermont-Ferrand;

« Agissant les sus-nommés comme enfans de « feu Jean-Antoine Chirol de Labrousse, et de « dame Marie-Geneviève Chapt de Rastignac « leurs père et mère; »

Demandeurs en intervention, comparants par Me Du Teil, avocat, assisté de Me Parmentier leur avoué;

Et,

1° Madame Aymandine-Marie-Léontine-Angélique de Nicolaï, veuve de M. Aimé-Charles

Chapt, marquis de Rastignac, demeurant à Paris, rue de l'Université, n° 33 ;

2° Madame Zenaïde Chapt de Rastignac, épouse de M. Auguste-Émilien, duc de la Rochefoucauld-Liancourt, propriétaire, avec lequel elle demeure à Paris, rue de Varennes, n° 72 ;

3° M. Auguste-Émilien, duc de la Rochefoucauld-Liancourt, propriétaire, assistant et autorisant la dame Zenaïde Chapt de Rastignac son épouse ;

Défendeurs à la demande principale et à la demande en intervention, comparants par Mᵉ Dehau, avocat, assisté de Mᵉ Gaullier, avoué ;

Le Tribunal, ouï en leurs conclusions Parmentier, avoué de Antoine Chapt, comte de Rastignac-Messilhac, et de Édouard Raymond Chapt, vicomte de Rastignac-Messilhac, de Jacques-Joseph Chirol de Labrousse, de Camille-Gilbert Chirol, de Nicolas-Jules-Étienne Chirol et de Pauline Chirol de Labrousse, veuve de Loisel ; — Gaullier, avoué de la marquise de Rastignac et du duc et de la duchesse de la Rochefoucauld ; — ensemble en ses conclusions, M. Try, substitut de M. le procureur impérial ; après en avoir délibéré conformément à la loi, jugeant en premier ressort ;

En ce qui concerne la marquise de Rastignac.

Attendu qu'elle demande sa mise hors de cause, laquelle est consentie par toutes les parties ;

Au fond :

Attendu qu'il résulte des pièces produites, que l'auteur commun des parties en cause, Claude Chapt de Rastignac, marié en 1535, à Agnès de Montberon, eut plusieurs enfants dont deux seulement ont fait souche jusqu'à ce jour, savoir :

Adrien Chapt de Rastignac, l'aîné des enfants, et Raymond Chapt de Rastignac ;

Attendu que la branche formée par Adrien Chapt de Rastignac a eu pour dernier représentant mâle le général Aimé-Charles-Parfait Chapt de Rastignac, marié à Aymandine-Marie-Léontine-Angélique de Nicolaï, décédé à Paris, le 6 février 1858, et que la seule descendance, aujourd'hui vivante, de cette branche est la duchesse de la Rochefoucauld, née Ernestine-Gabrielle-Sabine-Zenaïde Chapt de Rastignac ;

Attendu que la descendance de Raymond Chapt de Rastignac, continuée par son fils Franc-Bertrand, s'est perpétuée jusqu'à nos jours par

le général Chapt, comte de Rastignac, et le
vicomte de Rastignac, demandeurs au procès,
et par Jacques-Joseph Chirol de Labrousse,
Camille-Gilbert Chirol, Nicolas-Jules-Étienne
Chirol et Pauline Chirol de Labrousse, veuve de
Loisel, intervenants au procès en leur qualité
d'enfants de Marie-Geneviève Chapt de Rastignac,
sœur du général Antoine Chapt de Rastignac;

Attendu que l'action intentée par les demandeurs se fonde sur ce qu'une notice historique
et généalogique sur la maison Chapt de Rastignac, imprimée à Paris en 1858, par Wittersheim, conteste, pages 61, 62, 133, 134, 136 et
137, la légitimité des enfants de Franc-Bertrand,
fils de Raymond Chapt de Rastignac;

Attendu que les demandeurs, en invoquant
d'abord leur possession d'état, ont produit sub-
sidiairement à l'appui de leur demande: 1° Copie
authentique en date du 2 avril 1665, des lettres
de légitimation délivrées au mois de janvier 1662
par le roi à Bertrand et Marguerite Cat de Rastignac, frère et sœur de Franc-Bertrand Cat de
Rastignac, seigneur de Messilhac, Cros, Monta-
nat et autres places, et de Marguerite Viguière,
dame de Palisse, lesdites lettres enregistrées
tant à la chambre des comptes qu'à la Cour

présidiale et d'appeaux du Carladès ; 2° Expédition du contrat de mariage de Franc-Bertrand Cat de Rastignac, seigneur de Messilhac, avec ladite dame de Palisse, en date du 8 novembre 1664, ledit acte contenant reconnaissance de Bertrand Cat de Rastignac et de Marguerite, sa sœur, et contenant de plus au profit dudit Bertrand, seigneur de Poulhès, leur fils naturel et légitimé, donation de tous les biens des contractants ;

Attendu que le duc et la duchesse de la Rochefoucauld ont déclaré s'en rapporter à justice sur l'appréciation desdits actes, dont ils avaient ignoré jusqu'à ce jour l'existence ;

Attendu qu'il est établi que Bertrand Cat de Rastignac, seigneur de Poulhès, était le fils légitime de Franc-Bertrand Cat de Rastignac et de Marguerite Viguière de Palisse, et ce, tant par le bénéfice des lettres du prince que par la légitimation résultant du mariage de ses père et mère, qui aurait eu lieu le 8 novembre 1664, laquelle légitimation avait les effets de la légitimité proprement dite.

Par ces motifs :

Met la marquise de Rastignac hors de cause ;
Déclare que c'est à tort, et par erreur, que

dans la notice dont se plaignent les demandeurs, il a été dit que la postérité de Franc-Bertrand, fils de Raymond Chapt de Rastignac, n'aurait été continuée que par des enfants naturels, et que la descendance mâle légitime de la famille Chapt de Rastignac serait aujourd'hui éteinte ;

Autorise les demandeurs à retirer du commerce tous exemplaires de la dite notice ;

Les autorise à faire imprimer dans le même format que la notice, le présent jugement par extrait, contenant seulement les noms des parties, les motifs et le dispositif, et à se pourvoir près des administrateurs de toute bibliothèque publique, afin d'obtenir que cet extrait soit annexé à la dite notice, ainsi qu'à celle qui a été publiée en 1854, par de Magny ;

Fixe à cinquante le nombre des exemplaires à tirer pour cette destination unique de l'extrait dont s'agit ;

Dit que la notice de 1858, ne pourra être réimprimée qu'en mentionnant les rectifications qui résultent du présent jugement ;

Sur les autres conclusions des parties et de leur consentement, dit qu'il n'y a lieu de statuer ;

Fait masse des dépens, etc.

Fait et jugé par MM. Benoit-Champy, président, Bertrand, Destrem, Mollot, Saunac, Bedel, Vignon, Rougeron, juges.

En présence de MM. Glandaz, juge suppléant, et Try, substitut de M. le procureur impérial; Lebon greffier.

Le vendredi, 10 février 1860.

Mandons, etc.

Pour extrait certifié,

PARMENTIER

avoué.

Ce jugement a été signifié à avoué, le 23 mars 1860, et à domicile par exploit de Liénard, huissier à Paris, en date du 26 mars 1860.

9797   Imp. Renou et Maulde, 144, rue de Rivoli.

www.ingramcontent.com/pod-product-compliance
Lightning Source LLC
Chambersburg PA
CBHW070356090426
42733CB00009B/1435